BuddhAll

BuddhAll.

All is Buddha.

BuddhAll

天王文燈(唐. 八世紀)

羯磨蓮弁文閼伽瓶(唐. 九世紀)

彩色紇哩字香爐(日. 江戶時代)

紫檀金鈿獅子鎮柄香爐(唐代)

人物禽獸文高腳香盒(唐. 九世紀)

金銅舍利寶塔(日. 鎌倉時代)

金銅寶珠鈴(日. 大阪)

金銅密教法器（唐代）

金銅羯磨杵(日. 安平時代)

曼達盤(西藏)

顱器（嘎巴拉）

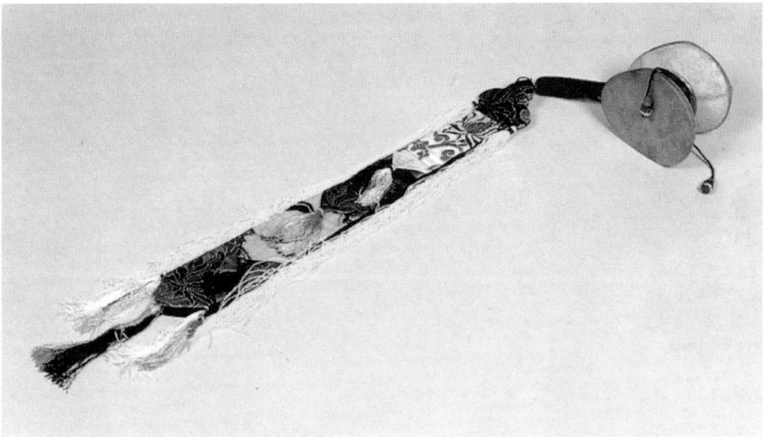

手鼓（西藏）

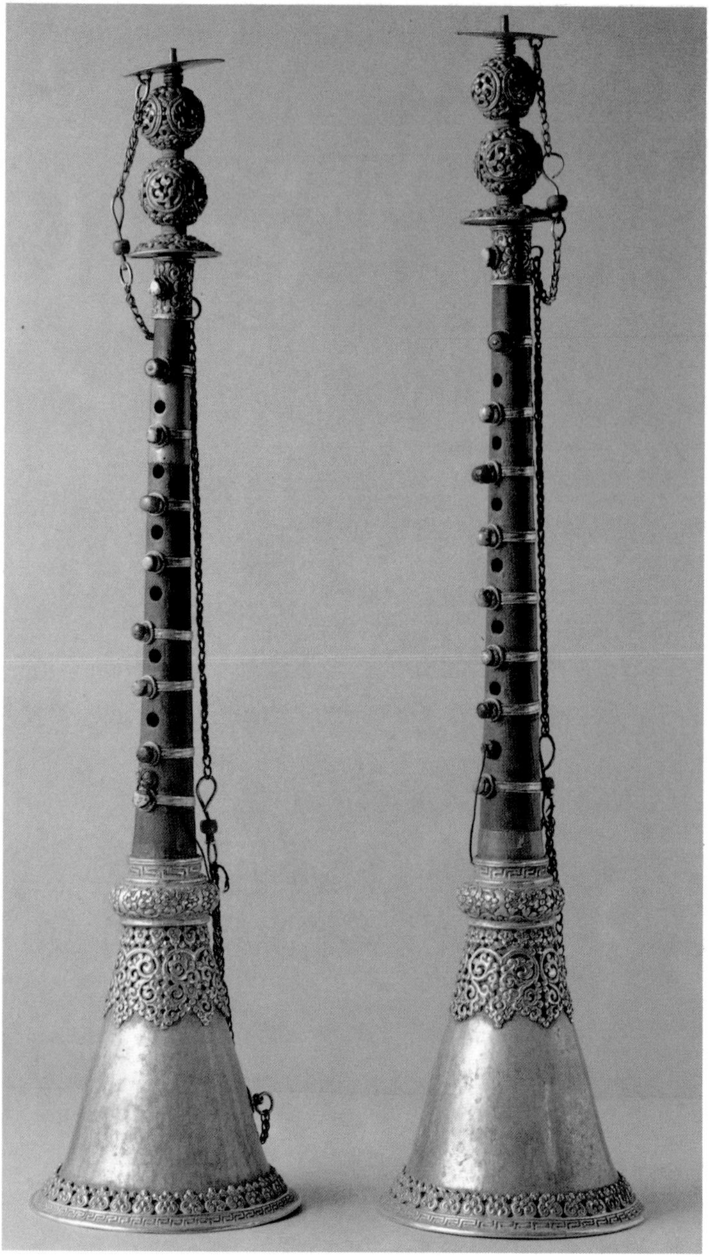

黃銅號角(西藏. 19 世紀)

鉞刀（西藏）

普巴杵(西藏. 18 世紀)

嘎烏(西藏)

灌頂瓶(西藏)

佛教的法器

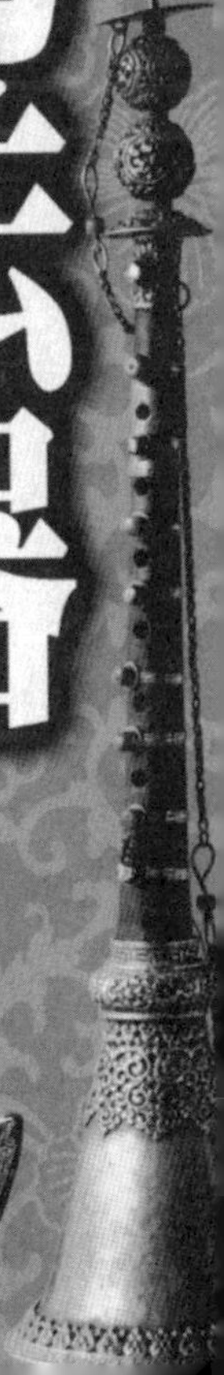

法器是指修行及法會時，用於修法、供養之器具。本書介紹佛教莊嚴寺院道場的佛壇，供養諸佛的法器，及行者平時隨身攜帶的器具、密教的法器等，書中附豐富圖像，並深入淺出的解說，是最佳的佛教法器導覽書。

目錄

出版緣起

佛法的深妙智慧，是人類生命中最閃亮的明燈，不只在我們困頓、苦難時，能撫慰我們的傷痛；更在我們幽暗、徘徊不決時，導引我們走向幸福、光明與喜樂。

佛法不只帶給我們心靈中最深層的安定穩實，更增長我們無盡的智慧，來覺悟生命的實相，達到究竟圓滿的正覺解脫。而在緊張忙碌、壓力漸大的現代世界中，讓我們的心靈，更加地寬柔、敦厚而有力，讓我們具有著無比溫柔的悲憫。

在進入二十一世紀的前夕，我們需要讓身心具有更雄渾廣大的力量，來接受未來的衝擊，並體受更多彩的人生。而面對如此快速遷化而多元無常的世間，我們也必須擁有十倍速乃至百倍速的決斷力及智慧，才能洞察實相。

同時在人際關係與界面的虛擬化與電子化過程當中，我們也必須擁有更廣大的心靈空間，來使我們的生命不被物質化、虛擬化、電子化。因此，在大步邁向新世紀之時，如何讓自己的心靈具有強大的覺性、自在寬坦，並擁有更深廣的慈悲能力，將是人類重要的課題。

生命是如此珍貴而難得，由於我們的存在，所以能夠具足喜樂、幸福，因自覺解脫而能離苦得樂，更能如同佛陀一般，擁有無上的智慧與慈悲。這種菩提種子的苗芽，是生命走向圓滿的原力，在邁入二十一世紀時，我們必須更加的充實。

因此，如何增長大眾無上菩提的原力，是〈全佛〉出版佛書的根本思惟。所以，我們一直擘畫最切合大眾及時代因緣的出版品，期盼讓所有人得到真正的菩提利益，以完成〈全佛〉（一切眾生圓滿成佛）的究竟心願。

《佛教小百科》就是在這樣的心願中，所規劃提出的一套叢書，我們希望透過這一套書，能讓大眾正確的理解佛法、歡喜佛法、修行佛法、圓滿佛法，讓所有的人透過正確的觀察體悟，使生命更加的光明幸福，並圓滿無上的菩提。

因此，《佛教小百科》是想要完成介紹佛法全貌的拼圖，透過系統性的分門別類，把一般人最有興趣、最重要的佛法課題，完整的編纂出來。我們希望讓《佛教小百科》成爲人手一册的隨身參考書，正確而完整的描繪出佛法智慧的全相，並提煉出無上菩提的願景。

佛法的名相眾多，而意義又深微奧密。因此，佛法雖然擁有無盡的智慧寶藏，對人生深具啟發與妙用，但許多人往往困於佛教的名相與博大的系統，而難以受用其中的珍寶。

其實，所有對佛教有興趣的人，都時常碰到上述的這些問題，而我們在學佛的過程中，也不例外。因此，我們希望《佛教小百科》，不僅能幫助大眾了解佛法的名詞及要義，並且能夠隨讀隨用。

《佛教小百科》這一系列的書籍，期望能讓大眾輕鬆自在並有系統的掌握佛教的知識及要義。透過《佛教小百科》，我們如同掌握到進入佛法門徑鑰匙，得以一窺佛法廣大的深奧。

《佛教小百科》系列將導引大家，去了解佛菩薩的世界，探索佛菩薩的外相、內義，佛教曼荼羅的奧祕，佛菩薩的真言、手印、持物，佛教的法具、宇宙觀……等等，這一切與佛教相關的命題，都是我們依次編纂的主題。透過每一個主題，我們將宛如打開一個個窗口一般，可以探索佛教的真相及妙義。

而這些重要、有趣的主題，將依次清楚、正確的編纂而出，讓大家能輕鬆的了解其意義。

在佛菩薩的智慧導引下，全佛編輯部將全心全力的編纂這一套《佛教小百科》系列叢書，讓這套叢書能成爲大家身邊最有效的佛教實用參考手册，幫助大家深入佛法的深層智慧，歡喜活用生命的寶藏。

佛教的法器—序

法器又稱爲佛器、佛具、法具或道具。就廣義而言，凡是在佛教寺院內，所有莊嚴佛壇，以及用於祈請、修法、供養、法會等各類佛事的器具，或是佛教徒所攜帶的念珠，乃至錫杖等修行用的資具，都可稱之爲法器。就內義而言，凡供養諸佛、莊嚴道場、修證佛法，以實踐圓成佛道的資具，即爲法器。

法器的種類十分的繁多，而各種法器的用途、型制、大小也差異極大，因此在不同的時空因緣中，也產生了許多的變化。即使是相同名稱的法器，也因爲時代、國家區域乃至宗教的不同，而在形式、材料及製作方法上，有極大的差異。在佛教的工藝美術中，也往往都是以法器爲代表。

法器如果以用途來區分，一般大約可分爲莊嚴具、供佛器、報時器、容置器、攜行器及密教法器等六種。但在本書中，爲了使讀者能更深切的了解這些法器，所以將之分爲八種，做更爲細密的分類。其中，除了分出禪門的特別法器之外，再從密教法器中，分出藏密使用的特別的法器，如此一來，讀者將更能了解這些法器的原貌及運用情形。這八種法器的分類如下：

一、莊嚴道場的佛具：這是指莊嚴佛堂、壇城、道場的器具，包括：佛壇、須彌壇、幡、蓋、經幢等物。

二、供養用的佛具：這是指日常用以供養諸佛菩薩本尊的器具，包括：燈、華、香、香爐、衣祴、閼伽器等。

三、梵唄讚誦用的法器：用於寺院日常行事或臨時集會敲鳴用的器具，及唱誦、法會及各種儀式中領眾之用。包括木魚、鐘、鼓、磬、雲板等。

四、古代比丘生活用器具：此類用品爲古代大乘比丘隨身所持及生活中所用的器具，包括：鉢、三衣、澡豆、頭巾、手巾、齒木、濾水囊、念珠等。

五、禪門的法器：此類是指禪門中，除了生活上的實用性之外，亦常爲禪師悟入學人的器具，如：拂子、如意、竹篦、蒲團等。

六、置物用的法器：此類法具指可收藏或裝置修行用的器具，如：佛龕、舍利塔、經箱、戒體箱等。

七、密教的法器：此類法器指密教修法時經常使用之法器，包括曼荼羅、金剛鈴、金剛杵、法螺、護摩器具等。

八、藏密特別的法器：此類法器是指西藏密教中特別的法器，如：唐卡、哈達、食子、八吉祥、七寶、顱器、嘎烏等。

法器其實是實踐佛道的器物，同時也是實踐佛教禮儀與佛法生活的器具，是與修行相合為一的。因此，法器除了在佛教工具藝術上，有著極高的價值之外。對於修行者而言最重要的當然是要體會法器的內在精神，而應用於佛法的修行上，以實踐圓滿的佛道，這才是法器真正要展現的風貌。

第一章 總論

佛教的法器，又稱爲「佛器」、「佛具」、「道具」、「法具」。

舉凡佛壇，用於祈禱、修法、供養、法會等各類佛事，乃至行者所攜行之念珠、錫杖等修道之資具，統稱爲法器。

在《華嚴經》〈入法界品·寶髻長者章〉中說：「如諸菩薩得不思議功德寶藏，乃至修無分別功德道具。」又〈觀自在章〉云：「善財作如是念：善知識者，至一切智，助道之具。」

在《中阿含經》中說：「所蓄物可資身進道者，即是增長善法之具。」而在《菩薩戒經》也說：「資生順道之具。」《禪林象器箋》卷十九中也說：「凡三衣什物，一切資助進道之身物，具名爲道具。」

法器的內容依諸書所記，並不一定，但一般均將修行修法等所用的器物類，稱爲「法具」或「佛具」。依《古事類苑》〈宗教部〉所記載，古稱之道具，即三衣六物、獨鈷、如意、拂子、坐具等僧眾所持的資具類，也稱爲僧具。而花瓶、火舍、香爐、燈臺、斗帳、蓋、花幔、幡、磬、鈴、法螺、木魚、鐃、鈸、金鼓、鐘等物，則總稱爲佛器、佛具或法具。

法器的種類

法器的種類非常繁多，其用途、大小、形狀等各自不同；即使是同一名稱的法器，也會因爲製作材料、手法，或宗派、時代的差異，而在形式上完全不同。

如果以法器的用途來分類，一般約略可以分爲莊嚴道場的佛具、供養佛菩薩的法器、梵唄法器、置物用的法器等六種。

(1)莊嚴道場的佛具，如：幡、天蓋、傘蓋、寶幢等，可以用來莊嚴佛堂道場之器物。

(2)供養佛菩薩的法器，例如香花、香爐、燈籠、淨瓶、衣裓等可用作日常勤行供養之器具。

(3)梵唄讚誦用的法器，例如鐘、鼓、磬、木魚、雲版等，可供寺院日常行事或臨時集會之敲鳴用，或於唱誦、法會、儀式中領眾之用。

(4)置物用的法具，如：舍利容器、經箱、經篋、戒體箱等，可收藏或裝置有關習道之器具者。

(5)古代比丘生活器具，指古代大乘比丘生活中必需之物，如：鉢、錫杖、如意、麈尾、拂子、念珠等日常隨身所持之物。

鉢爲比丘遊化乞食所用，依個人食量差異而有不同大小，材質則以鐵鉢、瓦鉢爲主。錫杖則是爲了托鉢時避免打擾施主，而於門口振錫，代替敲門。錫杖之杖頭爲金屬所製之輪狀寶珠形，其間有數環相接，振之即相撞鳴，僧侶持之，既爲聖智威儀之表幟，且可於荒野行腳時，振動警覺，驅遣毒蛇等物。

(6)密教的法器，包括了修法、灌頂及護摩時所用之法器。例如羯磨杵、金剛杵、金剛鈴、金剛盤、六器（火舍、閼伽器、塗香器、華鬘器、燈明器、飯食器），及結界所用之金剛橛。以上，總稱爲大壇具。

羯磨金剛又稱羯磨杵，亦單稱羯磨，呈三鈷十字之狀。金剛杵有獨鈷杵、三鈷杵、五鈷杵、九鈷杵等諸種，其各鈷（股）形狀或呈鬼面，或爲人形，鈷之上方則呈握狀，可供行者手持之用。

金剛鈴亦有獨鈷鈴、三鈷鈴、五鈷鈴之別；若將以上三種鈴安置於塔頂寶珠形之上端，則稱爲塔鈴、寶鈴。金剛盤爲修法時安置金剛杵、金剛鈴等物者。此外，尚有藏密特別的法器，如：唐卡、食子、摩尼輪、八吉祥、七寶、曼達、嘎烏等。

密教的法器，除了修法所用之外，由於其製作十分精美，亦常被視爲藝術品珍藏。

供養用的佛具

在法器中，有一類是供養佛、菩薩等資具。如香華、燈明、飲食等。根據《陀羅尼經》卷三所說，供具有二十一種。如果不能具足備辦二十一種，則略備香水、雜華、燒香、飲食、燃燈等五種也可以。

供在佛前的香、華、燈明、飲食等，稱爲供物，盛裝供物所用的盛器則稱爲供具。

供物的種類有衣裓、飲食、臥具、湯藥、香華、瓔珞、末香、塗香、燒香、繒蓋、幢幡、伎樂等。

佛陀住世時，信眾除供獻佛及諸弟子日常所需的資具外，亦奉獻苑林、精舍等。佛陀滅度後，則別置佛像，以飲食、莊嚴、伎樂等供養禮敬。

供養又稱供施、供給，或略稱供。乃供給資養之意，原是指以飲食、衣服等供給佛法僧三寶以及父母、師長、亡者。由於供養物的種類及供養的方法、對象有別，故經論中所說之供養也有種種不同，其中對佛菩薩的供養，在《蘇悉地羯羅經》卷中〈供養品〉中說：「先獻塗香，次施花等，後獻燒香，次供飲食，次乃燃燈。如其次等，用忿怒王真言。此等物清淨，善悅人心。」

《大日經疏》卷八則說：「若深祕釋者，塗香是淨義，如世間塗香，能淨垢穢息除熱惱。今行者以等虛空閼伽洗滌菩提心中百六十種戲論之垢，以住無爲戒塗之，生死熱惱除滅，得清涼性，故曰塗香。所謂花者，是從慈悲生義，即此淨心淨種子於大悲胎藏中，萬行開敷，莊嚴佛菩提樹，故說爲花。燒香是遍至法界義，如天樹王開敷時，香氣逆風、順風自然遍布，菩提亦爾。」

在密教，以閼伽（淨水）、塗香、花、燒香、飲食、燈明六物爲供物。

(1)閼伽：即是淨水，供淨水代表清淨一切雜染，出生清涼大智慧泉。

(2)塗香：供塗香象徵具足諸佛圓滿功德。供獻佛部本尊係用由諸草、根汁之香及花等三物合製而成。蓮華部本尊用由諸香樹皮、白旃檀香、沈水香、天水香、煎香等類及香果和合。金剛部本尊用由諸香草之根、花、果葉等和合。因諸根果之香氣重，故通用於三部本尊。又，修息災法用白色塗香，修增益法用黃色塗

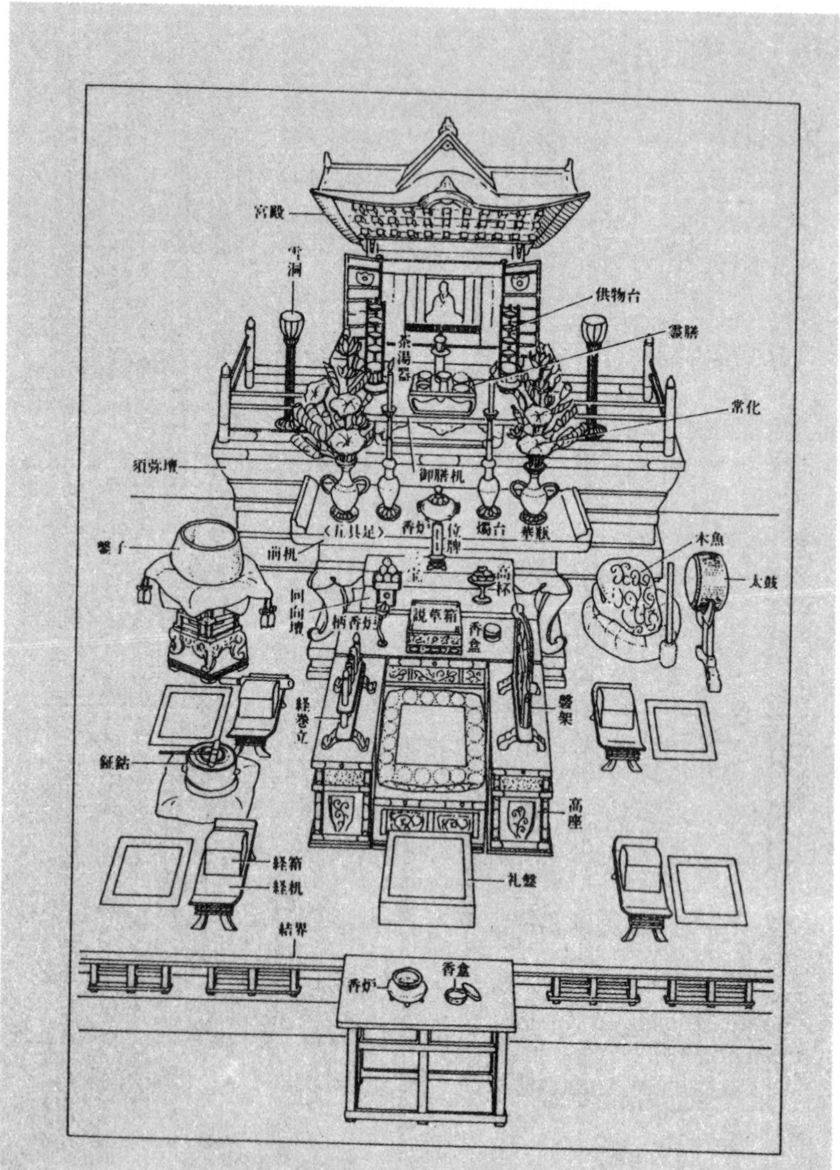
宮殿
雪洞
供物台
靈膳
茶湯器
常花
須弥壇
御膳机
〈五具足〉
香炉
位牌
燭台
華瓶
木魚
磬子
前机
太鼓
高杯
回向壇
柄香炉
說草箱
香盒
經卷立
磬架
鉦鈷
高座
經箱
經机
礼盤
結界
香炉
香盒

供養用的佛具

香，修降伏法用紫色塗香。

⑶花：供花代表莊嚴佛身，具足佛陀相好。佛部供養闍底蘇末那花，蓮華部供養紅蓮花，金剛部供養青蓮花。息災法用味甘之白色花，增益法用味淡之黃色花，降伏法用味辣之紫色花。《大品般若經》卷二十一中說：「但以一華散虛空中念佛，乃至畢苦其福不盡。」《百緣經》卷六中也說：「詣林樹間採娑羅花作諸花，（中略）以所採花散佛世尊，於是而去。」《雜寶藏經》卷五則謂天女以華奉迦葉佛塔，依其功德生天上得金色身。

⑷燒香：供燒香表遍薰法界，具足大樂幢。佛部用沈水香，蓮華部用白檀香，金剛部用鬱金香。息災法用擣丸香，增益法用作丸香，降伏法用塵末香。

⑸飲食：供養飲食代表以如幻法悅禪密藏爲食，包括諸果、餅、羹，及圓根、長根等。佛部用山中所生之圓根，蓮華部用水中所生之圓根，金剛部用苦辣味淡之圓根。息災法用甘味之果實，增益法用甜酸味之果實，降伏法用淡辣味之果實。又，佛部供養米粉之食，可圓滿息災之上成就；蓮華部供養麥麵之食，可圓

滿增益之中成就；金剛部供養油麻與豆子之食，可圓滿降伏之下成就。

(6)燈明：供燈代表如來無盡正覺心燈，照破諸暗。三部皆用最佳之犛牛蘇點燈。息災法用香木油或白牛蘇，增益法用油麻油、藥油或黃牛蘇，降伏法用白芥子油、烏牛油及惡香氣油。

而藏密中則多以八供來行供養：淨水、飲水、香華、燒香、燈明、塗香、水果、樂器（多以海螺爲之）。

梵唄讚誦用的法器

此類法器是指鐘、板、木魚、椎、磬、鐃鈸、鼓等物。日常行事、生活作息中集合大眾，或於法會、儀式中領眾所用。

《敕修百丈清規》卷八〈法器章〉中說：「鐘、大鐘，叢林號令資始也；曉擊則破長夜警睡眠，暮擊則覺昏衢疏冥昧。

大板齋粥二時長擊三通，木魚後三下疊疊擊之，謂之長板。念誦楞嚴會儆戒火燭，各鳴三下；報更則隨更次第擊之。（中略）

木魚，齋粥二時長擊二通，普請僧眾長擊一通，普請行者二通。（中略）

椎，齋粥一時，僧堂內開鉢，念佛唱食遍食，施財白眾皆鳴之。（中略）

磬，大殿早暮住持知事行香時，大眾看誦經呪時，直殿者鳴之；唱衣時，維那鳴之。（中略）

鐃鈸，凡維那揖住持兩序，出班上香時，藏殿祝贊轉輪時，行者鳴之。（中

略）

法鼓，凡住持上堂、小參、普說、入室並擊之。擊鼓之法，上堂時三通，小參一通，普說五下，入室三下，皆當緩擊。」可見無論是夜眠警覺、用齋、念誦時、上堂時，皆以法鼓為指示訊號。以下簡介梵唄之法器。

(1)法鼓：法堂設二鼓，東北角者稱法鼓，西北角者稱茶鼓。凡住持上堂、小參、普說、入室，並擊之。

(2)鐘：佛寺作法事時，擊之召集僧眾；曉擊，則破長夜警睡眠；暮擊，則破昏衢疏冥昧。

(3)木魚：有兩種：一為圓形，刻有魚鱗，誦經時叩之調音節。一為長形，吊庫堂前，晨朝、中午二時粥飯擊之以召集僧眾過堂，又名梆子。

(4)引磬：亦稱小手磬。銅質，形如小碗，隆起的頂端有鈕，附有木柄，便於執掌。是一種用於佛事的樂器。

(5)鈸：亦稱銅鈸，圓銅片中間突起成半球形，正中有孔，常以綢條或布條，手持兩片拍打發聲，用為法會樂器。

(6)雲版：亦稱大板，用鐵鑄成雲彩的板，擊之以報時辰。

在第四章會有詳細的介紹。

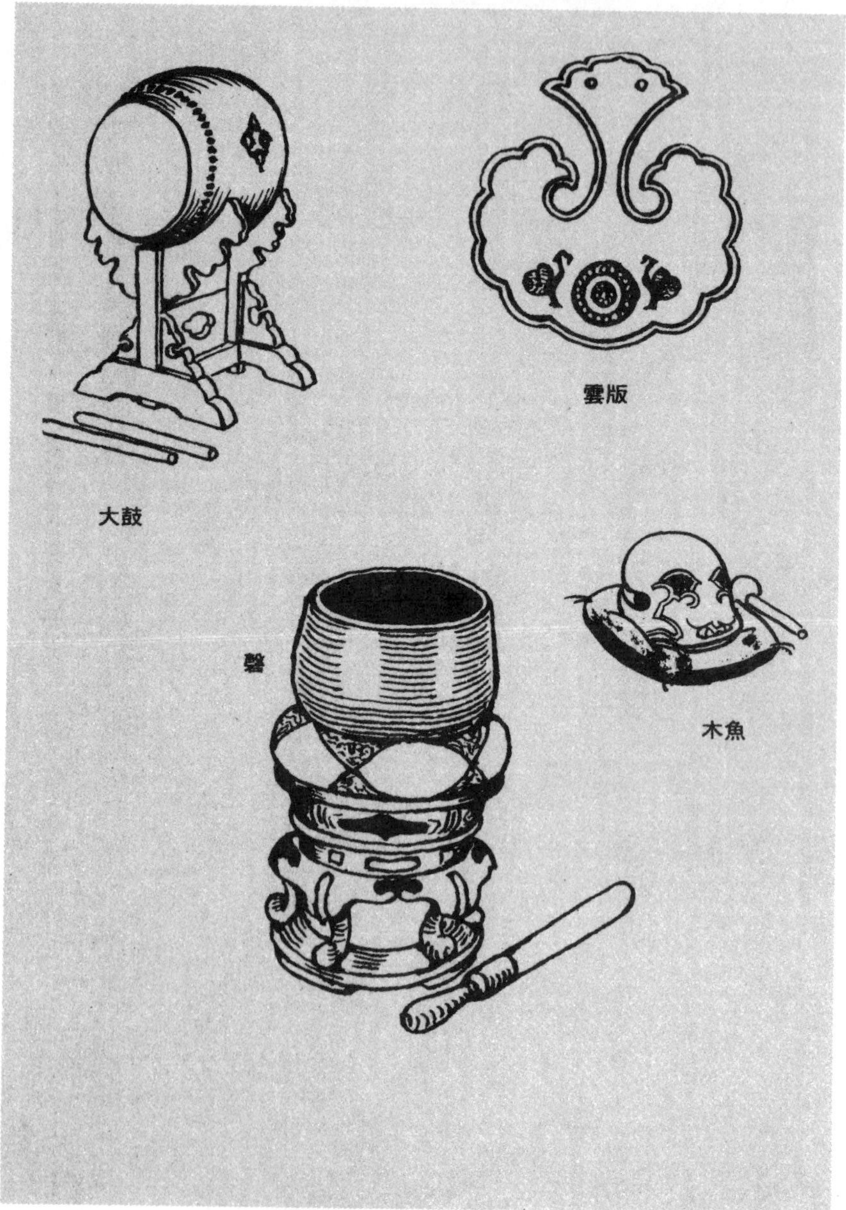

梵唄讚誦用的法器

古代比丘生活器具

此類法具，爲古代大乘比丘日常生活中所使用之器具，又稱爲「道具」，一般以「十八物」爲主要代表，即古代大乘比丘常隨身攜帶的十八種物。《梵網經》卷下中說：「菩薩行頭陀時及遊方時，行來百里千里，此十八種物常隨其身。」

十八物於各經論中所指亦稍有不同，一般所說十八物是指，一、楊枝；二、澡豆；三、大衣；四、七條衣；五、五條衣；六、瓶；七、鉢；八、坐具；九、錫杖；十、香爐；十一、漉水囊；十二、手巾；十三、刀子；十四、火燧；十五、鑷子；十六、繩床；十七、經律；十八、佛菩薩像。

在《摩訶僧祇律》中說：「隨物者，三衣、尼師壇、覆瘡衣、雨浴衣、鉢、大揵稚、小揵稚、鉢囊、浴囊、漉水囊、二種腰帶、刀子、銅匙、鉢支、鍼筒、軍持、澡罐、盛油皮瓶、錫杖、革屣、傘蓋、扇及餘種種所應畜物，是名隨物。

」

而在《百丈清規》所列，則有三衣、坐具、偏衫、裙、直裰、鉢、錫杖、拄杖、拂子、數珠、淨瓶、濾水囊、戒刀等道具。

以下簡要介紹之：

(1)齒木（dantakaṣṭha）：即楊枝，清潔口腔之木片。

(2)澡豆：指由大豆、小豆、豌豆等磨成的粉末，爲沐浴、洗滌時所用。

(3)三衣：指僧伽梨（saṅghāṭī，大衣）、鬱多羅僧（uttarāsaṅga，上衣）、安陀會（antarvāsa，內衣）等三種衣。

(4)瓶：指軍持（kuṇḍikā），即水瓶，盛水供洗滌及飲水之用，又有分裝飲用水之「淨瓶」與洗手用之「觸瓶」之分。

(5)鉢（pātra）：又稱應量器，爲比丘乞食盛裝食物的用具。

(6)坐具（niṣīdana）：即尼師壇，指坐臥時敷陳於地上或床上的墊布。

(7)錫杖（khakkhara）：頭部掛鐶的杖，步行時，鐶振動出聲，以警策路上的蟲類，或於施主家門口托鉢時，以振錫代替敲門。

(8)香爐：炷香招請諸佛的器具。

(9)漉水囊（parisrāvaṇa）：又稱濾水羅、漉囊或漉袋，指用於濾過水中之蟲的布囊。

(10)手巾（snātra-śāṭaka）：拭手的布，也包括拭面巾、拭身巾、拭腳巾等。

(11)刀子（śastraka）：即戒刀，供裁衣、剃髮、截爪之用的刃物。

(12)火燧：打火的器具。

(13)鑷子（ajapadaka-daṇḍa）：拔鼻毛或拔刺的用具。

(14)繩床：繩製的床，便於安坐禪觀。

(15)經：佛所說的經典。

(16)律：即戒本。

(17)佛像。

(18)菩薩像：為供養而隨身攜帶之。

其中，小乘比丘僅用六種，即三衣、鉢、坐具、漉水囊，此六種通稱比丘六物。到了中國的禪宗，禪師更是通身手眼，隨手拈來，錫杖、拄杖、戒刀、淨瓶等，無一不可成爲悟入學人之道具，也傳下許多精采的公案。

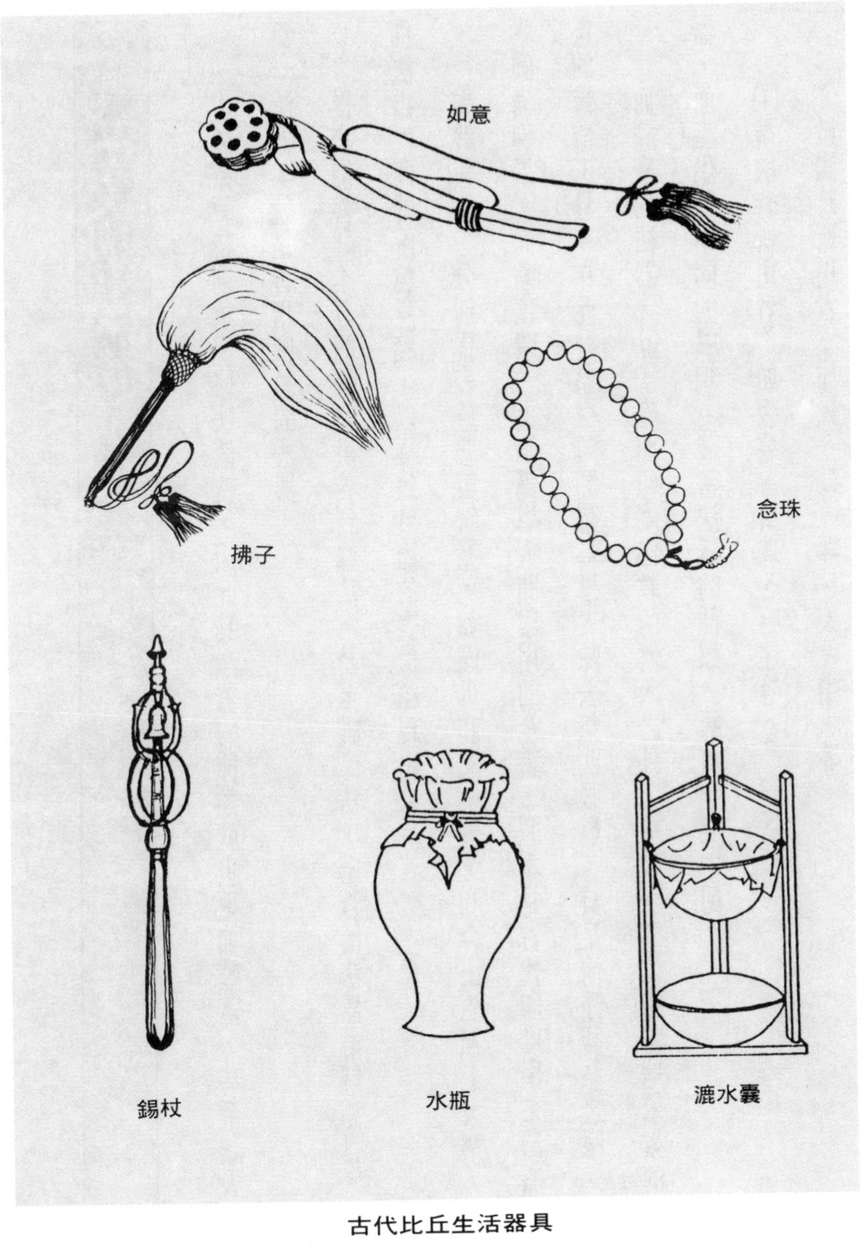

古代比丘生活器具

密教的法器

由於密教特別重視修法儀軌，因此其法器的種類就也更加豐富，甚至讓人以爲「法器」就是專指密教的法器。

從諸佛菩薩本尊的一般供養到修法，乃至護摩法，密教的法器琳瑯滿目，將佛法出世間的解脫意義，以極致具體的表徵顯現出來。

如鈴與杵，分別代表慈悲與智慧，如同母和父一般，和合出生無上大樂，成就圓滿佛果。而灌頂時，上師爲學人開眼用的金鎞，原本是古代印度用來治療眼疾的醫療工具，在此則象徵阿闍梨爲學人除去無明眼翳，具足清淨智慧之眼。

而藏密的法器，除了晚期印度佛教的傳入之外，更吸引了西藏當地笨教的法器，而產生了不同的風貌。藏密法器的種類，約可分成六種：

(1)禮敬時所用者：如袈裟、掛珠、哈達等。

(2)歎讚時所用者：如鐘、鼓、鐸、人骨喇叭等。

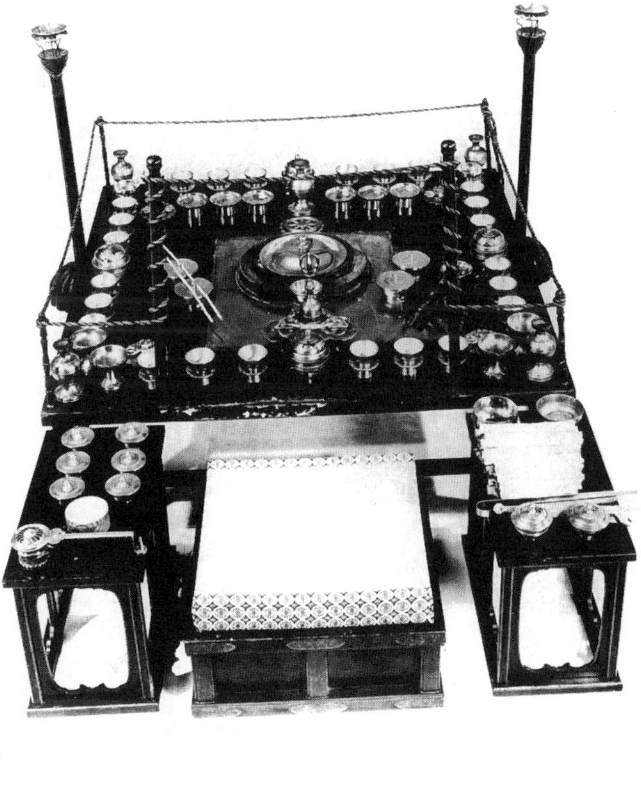

護摩用法具

(3)供養時所用者：如香爐、花、幢、蓋等。

(4)持驗時所用者：爲修法所用，如曼荼羅、念珠、金剛杵、金剛鈴等。

(5)護摩時所用者：火壇、護摩杓、寶瓶等。

(6)弘化時所用者：如摩尼輪、祈禱石等。

佛教的法器，是實踐佛道的器物，除了於日常生活中的實用性之外，更象徵著出世間的意義，使修行者不但在世間的生活安穩，透過戒律的規範，形成一種不互相侵擾的生活，維持簡樸卻合乎健康的生活條件，安心辦道，來圓滿佛法生活。

在修法法會時，行者透過法器來實踐佛法的儀軌，以法器象徵的內在意義，使行者之身、語、意趣入佛菩薩本尊的圓滿境界。

第二章 莊嚴道場的佛具

佛壇

佛壇是指安置佛像的壇座，即佛堂內爲供奉佛像而造的基壇，或佛堂所安置的佛龕，以及寺院須彌壇的總稱。依材料的不同，而有石壇、土壇、木壇之分別。如果依形狀之差異則可分爲方壇、八角壇、圓壇等種類。

依印度古來的習俗，即常將本尊像安置於佛堂正面的壇上，如阿旃陀（Ajanta）、巴格（Bāgh）等石窟內，均是在高石壇上安奉佛像。依《大唐西域

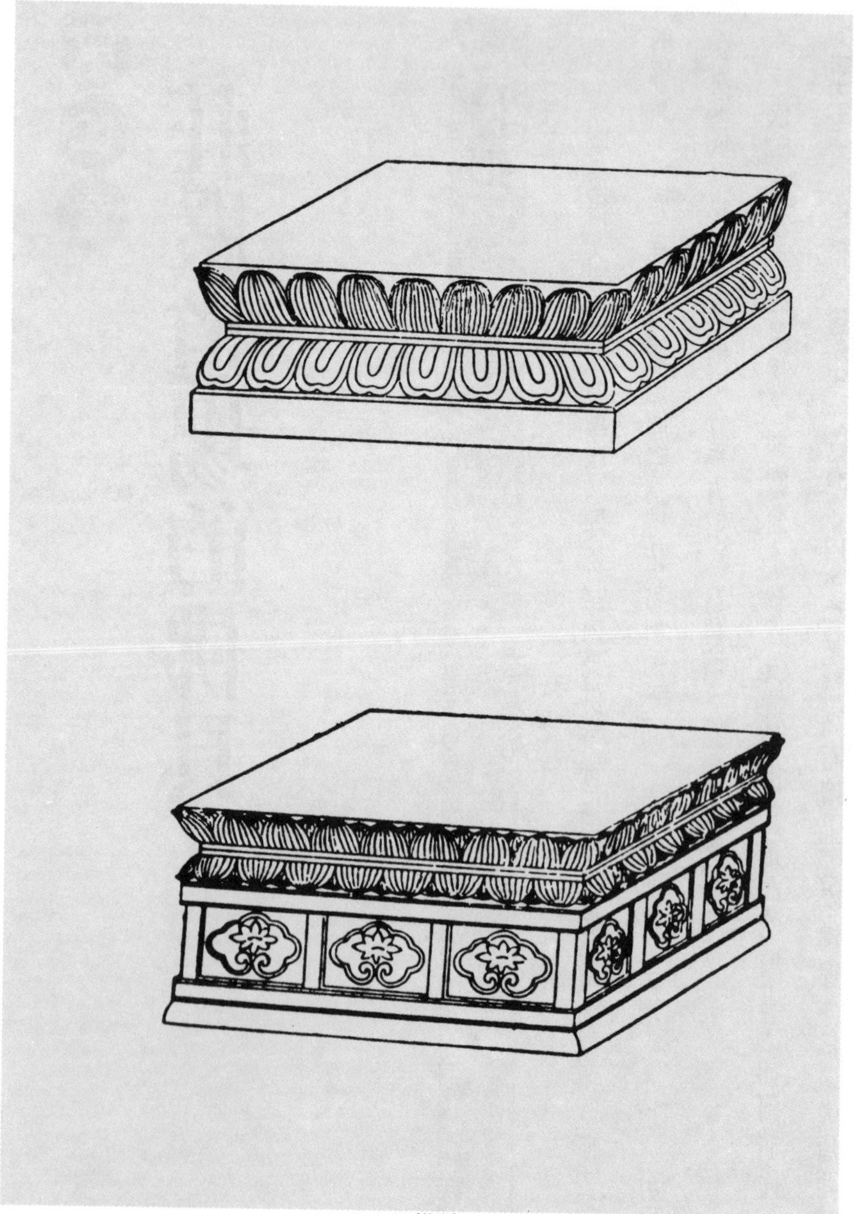

佛壇

記》卷八〈摩訶陀國〉條記載：精舍內佛像儼然結跏趺坐，像高一丈一尺五寸，座高四尺二寸、廣一丈二尺五寸。另外，中國新疆維吾爾自治區內的米蘭（Mirān）廢寺，即於大壇上列置七佛藥師坐像。敦煌千佛洞第一四二窟內，於凹字形石壇上安置七佛藥師坐像。大同雲岡及駝山等古石窟中的佛像，則皆置於方形石壇上的臺座上。

在日本，古代多爲石造佛壇，藥師寺金堂、東大寺法華堂等佛壇，均是日本石壇的代表。中世以後有木造佛壇，其形式初時模仿石壇，後多仿須彌山形（即須彌壇），如鎌倉圓覺寺舍利殿、播磨鶴林寺本堂、金澤稱名寺金堂等佛壇，即爲須彌壇。

而佛壇中所供奉的主尊（本尊），則依宗派之不同而有差異。譬如南傳佛教的佛壇，主尊皆爲釋迦牟尼佛。大乘佛教所供奉之主尊，則較爲不同。如淨土等行者供奉的是西方三聖（阿彌陀佛、觀世音菩薩、大勢至菩薩）。禪宗則有僅供奉達摩或六祖的。台灣的一般信徒常供奉三寶佛（釋迦牟尼、阿彌陀、藥師），也有只供奉觀世音菩薩的。而密教行者則依派別及所修法門而有不的主尊。

須彌壇

須彌壇是仿照須彌山形式所作之佛壇。即以木、磚或金石等物作須彌山形的佛壇，用以安置佛像。一說須彌壇是指安放佛櫥的臺座，且安放佛像於其上者。《大日經疏》卷五中說：「因陀羅釋天之主坐須彌山，天眾圍遶。」密教胎藏界曼荼羅外金剛部院的帝釋天亦坐在須彌山上。須彌頂上即忉利天宮的所在處，故安放帝釋天於其上較為合理，若以之為佛之坐處，則未詳其典據。有說謂佛曾昇忉利天為母說法，故佛像雕刻家乃以須彌山為佛座。此外，《大智度論》卷八中也說：「是梵天王坐蓮華上，是故諸佛隨世俗故，於寶華上結跏趺坐。」這是說須彌山雖為梵天所坐，但隨世俗亦以之為佛的坐處。

須彌壇的形狀有四角、八角二種，高一層或二層。如《金剛頂瑜伽千手千眼觀自在菩薩修行儀軌經》卷上所說，即是四角須彌壇，經中說：「於龜背上想素字，變為妙高山，四寶所成。又想劍字，變成金山，七重圍遶。則於妙高山上虛

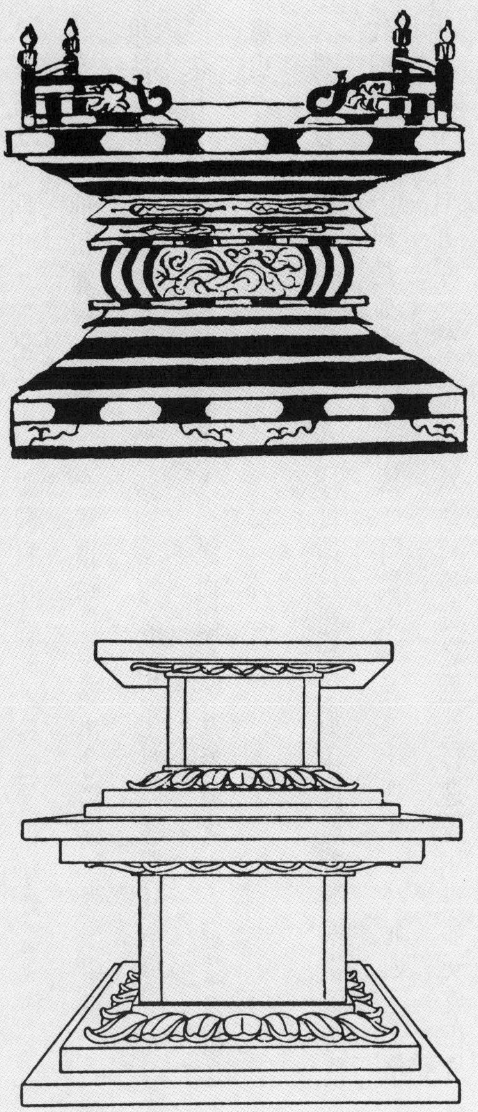

須彌壇

空中，想毗盧遮那佛，遍身毛孔流出香乳雨，澍七山間，以成八功德香水乳海。於妙高山頂上，想有八葉大蓮華，於蓮華上有八大金剛柱，成寶樓閣。於蓮華胎中想紇哩字，從字流出大光明，遍照一切佛世界，所有受苦眾生遇光照觸皆得解脫。於此大光明中，涌出千手千眼觀自在菩薩，具無量相好熾盛威德。」

至於八角的須彌壇，則如《金剛頂瑜伽中略出念誦經》卷一中說：「於其臺上想波羅、吽、劍等三字，以爲須彌山，其山眾寶所成而有八角。」《廣大儀軌》卷上中也說：「次於其海中，一緣而觀想，八峰彌盧山，定慧內相合，結成彌盧山。」

佛像以須彌形爲臺座，古代印度即已通行，如印度鹿野苑博物館所藏笈多朝時代的石佛像，即是如此。在中國，有劉宋．元嘉十四年（公元四三七年）及十八年、太平真君九年（公元四四八年）所刻之銅造釋迦像，也都安放在須彌壇上。日本自古即有製須彌壇安置佛像的風氣，以推古天皇的御廚子（即所謂玉蟲廚子，座的四面畫有須彌山及雪山童子本生等）、大和法輪寺安置藥師佛的須彌座，爲日本最古的須彌壇。

幡

幡（梵 patākā，patāka、dhvaja、ketu），幡爲旌旗的總稱，又作旛。音譯波哆迦、馱縛若、計都。與「幢」同爲供養佛菩薩的莊嚴具，用以象徵佛菩薩之威德。在經典中多用爲降魔的象徵，在《觀心論灌頂法師疏》中說：「繒幡，即翻法界上迷生動出之解。幡壇不相離，即動出不動出不相離也。」

《華嚴經》〈十迴向品〉中亦說：「菩薩施上妙幢幡，迴向云：『願一切眾生，常以寶繒，書寫正法，護持諸佛菩薩法藏。』」即指書經咒於幢幡上。

經典中亦常謂造立此幡，能得福德，避苦難，往生諸佛淨土，又說供養幡可得菩提及其功德，故寺院、道場常加使用，因而成爲莊嚴之法具。在《長阿含》卷四〈遊行經〉中說：「以佛舍利置於床上，使末羅童子舉床四角，擎持幡蓋，散華燒香，作眾伎樂，供養舍利。」

幡之形狀，一般是由三角形的幡頭、長方形的幡身、置於幡身左右的幡手，

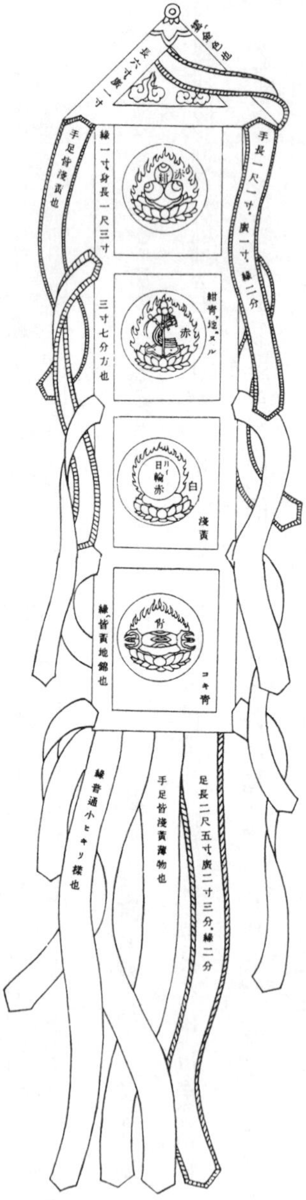
長六寸廣一寸
手足皆淺黃也
縁一寸身長一尺三寸
手長一尺一寸、廣一寸、縁二分
赤
三寸七分方也
赤
日輪赤
白
淺黃
縁皆黃地錦也
コキ青
縁皆通小ヒキリ樣也
手足皆淺黃薄物也
足長二尺五寸、廣二寸三分、縁二分

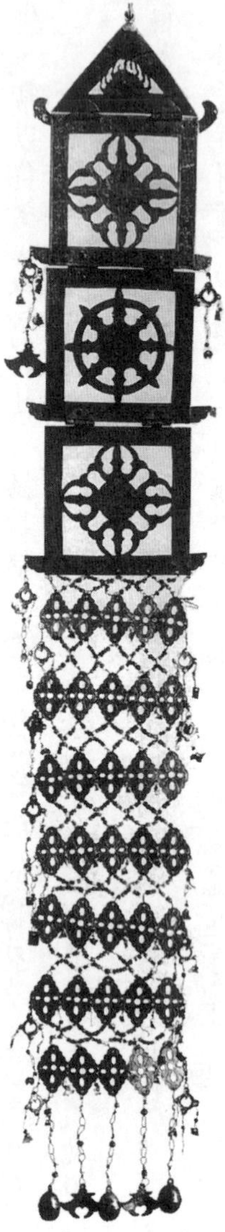

幡

及幡身下方的幡足構成，有大有小。通常是以布製成，也有金銅製、雜玉製、紙製等類。其所懸掛之場所，有時是堂內柱上，有時樹立在佛堂之前庭，或附著於天蓋之四隅。

幡的種類有多種，可依其材質、形狀、目的等而分如下：

1.依材質分：有金銅幡、板幡、紙幡、玉幡（以寶玉裝飾者）、平幡（平絹所製者）、絲幡（束絲所製者）等名稱。

2.依色彩分：有五色幡（青、黃、赤、白、黑之五色幡，即續色幡）、八色幡（用於灌頂道場）、青幡（請雨經法）、黃紙幡（大元帥法）等名稱。

在《灌頂經》中卷十一說黃紙幡用於薦亡：「若四輩男女，若命終時，若已命過，於其亡日，造作黃旛，懸著剎上，使獲福德，離八難苦，得生十方諸佛淨土。旛蓋供養，隨心所願，至成菩提。旛隨風轉，破碎都盡，至成微塵，其福無量。旛一轉時，轉輪王位，乃至吹塵小王之位，其報無量。」

3.依儀禮分：有命過幡（人死時，爲死者積福時而建）、續命（神）幡（爲祈延命而立）、送葬幡、施餓鬼幡。

4.依所掛場所而分：有堂幡、高座幡、天蓋幡、庭幡。

5.依幡身所描繪之圖分：有種子幡、三昧耶幡、佛像幡、蓮華幡。

此外，在我國，另有於幡身施以刺繡者，此稱繡幡。亦有造六角或八角之幢形，以兼具幡幢兩種功德者，稱為幢幡；其木製者，稱為木幢幡。

關於造幡的功德，《撰集百緣經》卷七〈頂上有寶蓋緣〉記載，迦毗羅衛國有一個長者之妻生子，誕生時空中懸有大幡蓋，因此名其為波多迦（即「幡」）。波多迦後出家得阿羅漢果，受世人敬仰。

此外，《藥師本願經》、《十方隨願往生經》及《釋門正統》卷四等亦說命終時懸幡可延壽或招福，此即是「續命神幡」與「命過幡」。《釋迦譜》卷五〈阿育王造八萬四千塔記〉中說：「塔成造千二百織成幡及雜華，未得懸幡。王身有疾，伏枕慷慨曰：『若威靈有感，願察我至誠，（中略）由是病瘉增算十二，故因名為續命幡。』」

《灌頂經》卷十一也說及命過幡之功德：「若人臨終未終之日，當為燒香然燈續明，於塔寺中表刹之上，懸命過幡轉讀尊經竟三七日。所以然者命終人，在中陰中身如小兒，罪福未定應爲修福，願亡者神使生十方無量剎土。承此功德必得往生。亡者在世若有罪業應墮八難，幡燈功德必得解脫。」

密教則謂幡具有無量佛德，如行者以頂觸幡則來世成道可至佛位，此稱灌頂幡。《祕藏記》卷中也說：「世人皆以幡號灌頂，是以幡功德先爲輪王，後終成佛以到佛果，名爲灌頂。」

繪在幡上之圖像，稱繪幡，描繪佛、菩薩明王及天部的幡，包括佛像幡、五（七、八）如來幡、菩薩像幡、明王幡、不動幡、天王幡、七大龍神幡等，種類繁多；至於種子幡則是以種子代替圖繪的幡；三昧耶形幡又稱佛法幡，是描繪佛及菩薩三昧耶形的幡。所謂三昧耶形，即是以形表佛及菩薩爲悟道所立的誓願，如諸佛之印相、觀音菩薩的蓮花及不動明王的劍等；幢幡是以六角或八角幢型所作的幡，將幢與幡的功德合爲一體。木製幢幡，又稱爲木幢幡。

幢

幢（梵名 dhvaja、ketu、patāka）又作脫闍、寶幢、天幢等。爲旗的一種，即附有種種絲帛，用以莊嚴佛菩薩及道場的旗幟。

幢原用於王者之儀衛，或作爲大將之指揮旗；由於佛爲法王，能降伏一切魔軍，故稱佛說法爲建法幢，並視幢爲莊嚴具，用來讚歎佛菩薩及莊嚴道場。在《法華經》卷五〈分別功德品〉中說：「一一諸佛前，寶幢懸勝幡。」

幢之規制並不一致，大半以絹布等物製作，幢身兩邊置間隔，附八個或十個絲帛，又下邊附四個絲帛，多半繡有佛像，或塗上色彩。

幢亦被視爲佛菩薩的持物，如胎藏界曼荼羅之地藏菩薩，及風天、阿彌陀二十五菩薩來迎圖之藥王菩薩，及敦煌出土之引路菩薩等都持幢。又，寶幢如來、地藏菩薩、金剛幢菩薩、風天等都以幢爲三昧耶形。此外，幢竿頭安有如意寶珠者稱爲如意幢、摩尼幢，安有人頭者則稱爲壇拏幢或人頭幢。

幢

蓋

蓋（梵 chattra）爲遮日防雨所用的一種傘。又稱傘蓋、笠蓋、寶蓋、圓蓋、花蓋、天蓋。《摩訶僧祇律》卷三十二中說：「此有樹皮蓋、樹葉蓋、竹蓋三種。」《有部毗奈耶雜事》卷六記載，蓋有竹、葉二種，傘柄長限二肘。

古印度部族在重要會議時，爲了避暑，常利用大樹的樹蔭。在這種場合，部族的長老背對著樹幹而坐，釋尊說法時也繼承這種習俗，在諸經典中皆有當時情景的記述。後來，此種習俗變化爲傘蓋，而後又變成王者的象徵、或者法王釋尊的象徵。

蓋之形狀大致可分二種，一爲柄附於蓋內部中央，另一是柄附於外面上部。依現存遺蹟所見，印度古代多用前者，如阿摩羅婆提（Amarāvati）塔之欄楯雕刻、阿旃陀（Ajanta）石窟殿之雕刻及壁畫（尤其是第十七窟），以及犍馱羅地方的遺品、爪哇波羅浮屠（Barabudur）的浮雕等，皆可見及其例。後者稱爲懸

蓋

蓋或天蓋，後世成爲佛堂之莊嚴具，高懸於佛座或高座之上。

天蓋不但是代表佛及菩薩偉德的莊嚴具之一。後來更用來裝飾寺院天花板，及密教入門的灌頂儀式中使用。

在古印度的藝術中，常以菩提樹或傘蓋作爲佛陀的象徵。此外，象徵佛陀的塔頂上亦懸有傘蓋。自從佛像出現後，這種形式依然繼續留傳下來，將蓮花天蓋懸掛於佛及菩薩像的頭上，以示莊嚴。同時，它的地位與佛像平行，用塔作爲禮拜的對象，在將塔納入窟院內禮拜的禮拜儀式中，以窟院的天花板來代替屋外的傘蓋，或者在天花板上刻仰蓮華。

像這種在佛及菩薩像上加上天蓋，表示莊嚴的形式，也見於敦煌及中國本土，代表性的作品是雲岡第六洞南壁上層的立佛像。

經典中，爲了讚歎佛陀的尊貴，在《大寶積經》卷十一〈密跡金剛力士會〉描寫供養佛陀的華化爲華蓋的情景，說：「皆各散花奉事貢上。密跡金剛力士將其散花化成華蓋，承佛之威神，是諸華蓋咸來佛所，繞佛及密跡金剛力士三匝，……又其寶蓋住虛空中，當於佛上，是寶蓋出如此無比好妙之聲。」

《觀佛三昧海經》卷六中對佛陀說法的情景記述著：「爾時，世尊入忉利宮，由眉間之白毫相放光。其光化爲七寶大蓋，覆於摩耶之上。……東方之善德佛持妙寶華，散於釋迦牟尼及摩耶之上，化成花蓋。此花蓋中有百億之化佛，起立合掌向佛母問訊。」這是描述當十萬之佛散「妙寶花」表供養敬意時，這些花變成了花蓋，覆於佛及佛母摩耶對上，而有百億化佛前來表示敬意及問候。

在禪門中，也有所謂的「法蓋」。

在《禪林象器箋》中說：「法蓋者，葫蘆頂，繡羅三簷大傘。新住持入院，行者執而覆之。」這是說新住持入寺時，行者執法蓋爲其覆頂迎接，表尊貴意。

《增壹阿含經》中：「世尊受須摩提女請，至滿富城。廣說乃至是時梵天王在如來右，釋提桓因在如來左，手執拂，密跡金剛力士在如來後，手執金剛杵，毗沙門天王手執七寶之蓋處虛空中，在如來上，恐有塵土坌如來身。」可見蓋除了防曬的功效之外，也用來防塵。

佛陀在世時，由於有比丘持大蓋行於道上，惹人譏嫌，佛陀遂制戒：除非天雨，否則比丘不得持大蓋。在《釋氏要覽》中說：「律云跋難陀比丘持大蓋行，似今涼傘也。諸居士遙見，謂是官人，皆避道。及近，元是比丘，乃譏嫌之。佛乃制戒，不應持大蓋，若天雨即聽。」

關於天蓋的種類，在堂內諸尊頭上懸掛，以示莊嚴的天蓋稱爲「佛天蓋」；而懸掛於禮盤上導師頭上的天蓋，或密教阿闍梨行道或葬儀等導師頭上的大傘，則稱爲「人天蓋」。

此外，在密教入門式舉行灌頂時，要在三昧耶戒壇上懸掛「三昧耶天蓋」；而在金剛界及胎藏界的大壇上懸掛天蓋，簡稱爲「金天蓋」和「胎天蓋」。三昧耶天蓋爲八角或四角，四方四隅的蕨手吊小幡，分爲四區，各區中描繪金剛界三十二尊（不含五佛）的三昧耶形。金天蓋蓋的內側、中央有金剛佛頂，四方繪有白傘蓋、火聚、發生及勝佛頂等四佛頂的種子字，四中間方向以飛雲裝飾；至於胎天蓋，同樣在內側、中央有毗盧遮那佛，而在四方四隅描繪光聚、廣生、白傘蓋、勝、尊生、發生、寂勝、無邊聲等八大佛頂的梵字。

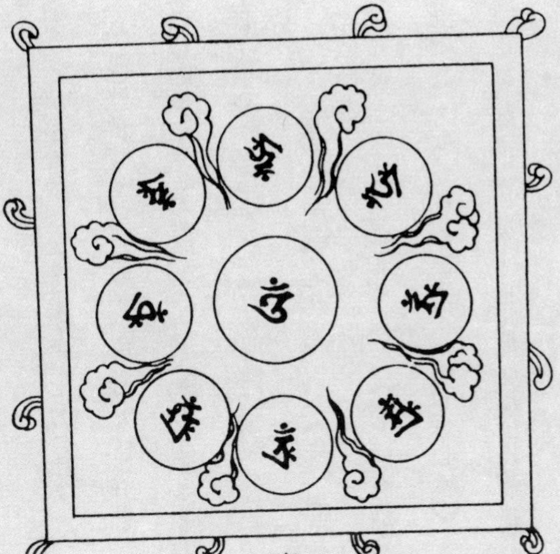

東

胎天蓋

長廣共五尺五寸

西

金天蓋

經幢

指刻有經文之多角形石柱，又名石幢。有二層、三層、四層、六層之分。形式有四角、六角或八角形。其中，以八角形爲最多。幢身立於三層基壇之上，隔以蓮華座、天蓋等，下層柱身刻經文，上層柱身鐫題額或願文。基壇及天蓋，各有天人、獅子、羅漢等雕刻。

一般最常見之經幢以《佛頂尊勝陀羅尼經》最多，其次爲《白傘蓋陀羅尼》、《大悲心陀羅尼》、《大隨求即得大自在陀羅尼》、《大吉祥大興一切順陀羅尼》、《金剛經》、《般若心經》、《彌勒上生經》、《父母恩重經》等。

經幢的由來，根據《佛頂尊勝陀羅尼經》中說：佛告天帝，若人能書寫此陀羅尼，安高幢上，或安高山，或安樓上，乃至安置窣堵波中……若有苾芻、苾芻尼、優婆塞、優婆夷、族姓男、族姓女，於幢等上或見，或與幢相近，其影映身，或風吹陀羅尼上幢等塵落在身上，彼諸眾生所有罪業，應墮惡道、地獄、

經幢

畜生、閻羅王界、餓鬼界、阿修羅身惡道之苦，皆悉不受，亦不爲罪垢染污。此等眾生爲一切諸佛之所授記，皆得不退轉於阿耨多羅三藐三菩提。

中國於中唐以後開始盛行此種信仰，而有爲過去、現在、未來三世眾生之利益供養，而在佛寺大殿的前庭等處造立經幢。依日僧圓仁《入唐求法巡禮行記》卷三所記載，唐文宗開成五年（公元八四〇年），圓仁過思陽嶺時，曾見尊勝陀羅尼經幢，幢上篆有佛頂陀羅尼及其序。由此可見，經幢之建造始於佛陀波利傳譯《尊勝陀羅尼經》之後。此建造經幢之風習，於宋、遼時代更見盛行，但其後即漸衰退。

今日思陽嶺上存之陀羅尼幢，乃後世所造立，上有宋．天聖四年（公元一〇二六年）之銘文。又，河南省鄭州開元寺亦有尊勝陀羅尼經幢，八角二層，立於基壇之上，下層柱身刻陀羅尼，上層柱身刻佛龕，龕側有銘，依銘文所記，可知此經幢係唐僖宗中和五年（公元八八五年）六月十日所造立，後唐明宗天成五年（公元九三〇年）五月重建。此外，浙江省杭州靈隱寺、下天竺寺、梵天寺及河北省順德府開元寺、封崇寺、趙州栢林寺、正定龍興寺等處，亦有經幢。

又，四川五代、兩宋的石窟中亦有陀羅尼經幢，但此時期的經幢多與各種密宗題材成組出現。如大足北山二八一窟中，龕內經幢爲八面柱形，幢頂雕一八角亭閣，龕下每面刻一坐佛，幢身刻《佛頂尊勝陀羅尼經》，幢之造型小巧精緻，並與多種密宗像同處一龕。

第三章 供養佛菩薩的法器

閼伽器

閼伽器為六器（火舍、閼伽器、塗香器、華鬘器、燈明器、飯食器）之一，是指盛供養的閼伽、塗香、華鬘之容器。在密教修法壇四方及中央的火舍之左右，各陳列三個。從閼伽器之名稱，容易令人以為只是盛供養水之容器，其實它是指一般的供養器具。由於閼伽是代表性的供養物，因而得名。關於閼伽器的材質，根據《蘇悉地羯羅經》〈奉請品〉的記載：「盛閼伽之器，當用金銀，或熟銅，或以石作成，或以土木，或以螺作成，或以束底，或用荷葉綴成器物，或用乳樹之葉作成。」在《蕤呬耶經》〈奉請供養品〉中列有金、熟銅、寶、娑頗底迦（水晶）、白瑠璃、木、石、商佉（螺貝）、樹葉、螺、新瓦等素材。

其形體是附有高台的鋺，和受台爲一組，普通爲金銅製。碗的花文分爲素文與蓮華文兩種，普通爲素文。

閼伽器

灑水器

灑水器的功用是裝盛香水，淨化道場，滌除身心塵垢，灑水器與形體略小，但與形式相同的塗香器同爲一組，稱爲「二器」。由附有高角的台上、碗及蓋所組成。碗上有三條或二條成組的帶紐紋飾；蓋上有二段凸起，頂上通常有寶珠形的鈕。碗外側有環狀帶紋。與閼伽器不同，爲鑄銅製。

貞觀十三年（公元八七一年）的《安詳寺伽藍緣起資材帳》〈西影堂什物〉一條中，有「灑水壺一口（白銅）」的記載。所謂「灑水壺」也就是指灑水器。

灑水器

燈明

燈明（梵名，巴Dipa）指燈火之明。又稱燈。亦指供奉於佛前的燈火，有油火、蠟燭火等類，與香華均被廣用爲供養尊儀之資具。

佛教裡使用「燈明」的緣起，根據《四分律》卷第五十中記載：由於當時諸比丘，所居之室患闇，佛陀則允許燃燈。需油與油、需炷與炷、需器（盞）與器。諸比丘並請問佛陀，燈應置何處？佛陀說可置於床角瓶上。如果置於壁間，則須防蟻食。如果燈昏暗欲滅，須提燈炷；如果怕污手，也可做燈箸。由於箸易燒故，則允許用鐵做。

燈明又可分二種：其一爲僅用於禮拜、誦經時始點燃者，其二爲不分晝夜常點燃的長明燈，又稱常明燈，或無盡燈。

在《敕修清規．亡僧》中說：「夜點長明燈。」

《觀心論》中也說明了燈明所象徵的內在意含：「長明燈者，正覺心也。覺知明了，喻之爲燈，是故一切求解脫者，常以身爲燈臺，心爲燈盞，信爲燈炷，增諸戒行以爲添油，智慧明達喻如燈光常然。如是覺燈，炤破一切無明癡暗，能以此法轉相開悟，即是一燈然百千燈，以燈續明，終無盡故，故號長明。過去有佛，名曰然燈，義亦如是。」

根據《摩訶僧祇律》卷三十五，曾述及佛制燈之裝置及燃燈之法：於燃燈時，須先燃舍利、佛像前燈、次燃廁燈。若遇坐禪之時，應燃禪坊中燈；燃時先須啟白大眾。再次則燃經行道處、闇道端處之燈。若油足用，廁燈應竟夜不熄。若熄燈時，須先從經行處、次闇道端處、禪坊等處，次第熄去。熄禪坊燈時，不可卒然滅去。應先啟白大眾：「諸大德！請敷褥，燈將熄矣。」

經典中記載，以燃燈供於佛塔、佛像及經卷等之前有大功德。《增一阿含經》卷三十八中記載，燈光如來於過去世爲長老比丘時，以燭火麻油日日供養寶藏如來，因而得成佛之授記。《悲華經》卷二記載：無諍念王於寶藏如來及大眾前燃百千無量億那由他燈，《菩薩本行經》卷上亦記載，闍那謝梨王爲聞法，於身上燃千燈，以求無上正真之道。

關於供養的功德，《佛爲首迦長者說業報差別經》中說：燈明奉施有十種功德：1.照世間光明如燈，2.隨所生處肉眼不壞，3.得天眼，4.於善惡法得善智慧，5.除滅大闇，6.得智慧之明，7.流轉世間但常不在黑闇之處，8.具大福報，9.命終生天，10.速證涅槃。《施燈功德經》記載，於佛滅後塔寺燃一燈乃至多燈，可於現世得三種清淨心，命終時得不忘失善法等三種明，死而得生三十三天等。

燈由於燃料之不同，而有種種名稱，如《法華經》卷七〈陀羅尼品〉，列舉酥燈、油燈、諸香油燈、蘇摩那華油燈、瞻蔔華油燈、婆師迦華油燈、優鉢羅華油燈七種。舊譯《華嚴經》卷十六則也舉出寶燈、摩尼燈、漆燈、火燈、沈水香燈、旃壇香燈、一切香王燈、無量色光燄燈等十種。《大智度論》卷三十中也列出脂、膏、蘇、油、漆、蠟、明珠七種。

除了一般的燈明之外，經中將法或智慧等比喻爲燈明，故而有法燈之稱。新譯《華嚴經》卷七十七〈入法界品〉記載，善財燃法燈，以信爲炷，慈悲爲油，念爲器、功德爲光，滅除三毒之暗。《大般涅槃經》卷二十一中說：「煩惱闇故眾生不見大智，如來以善方便燃智慧燈，令諸菩薩得見涅槃、常樂我淨。」

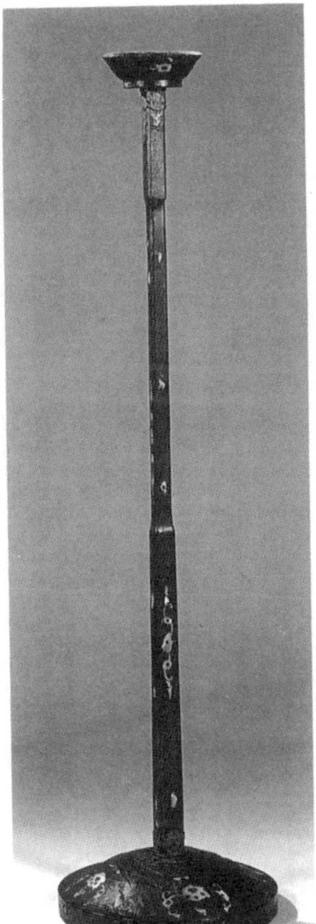

燈明

華

華（梵 puspa ）音譯補逝波。指植物的花，用以供奉佛菩薩。華象徵各種美好的意義，《華嚴經探玄記》卷一中說華有十種意義：

1.微妙義，代表佛陀行德離於粗惡之相。

2.開敷義，表德行開敷榮茂，自性開覺之故。

3.端正義，表行持圓滿，德相具足之故。

4.芬馥義，表妙德之香普熏，利益自他之故。

5.適悅義，表殊勝妙德，喜樂歡喜無厭足故。

6.巧成義，表所修眾德之相善巧成就之故。

7.光淨義，表斷除諸障極清淨之故。

8.莊飾義，表了悟因地莊嚴本性之故。

9.引果義，表出生之因，生起佛果之故。

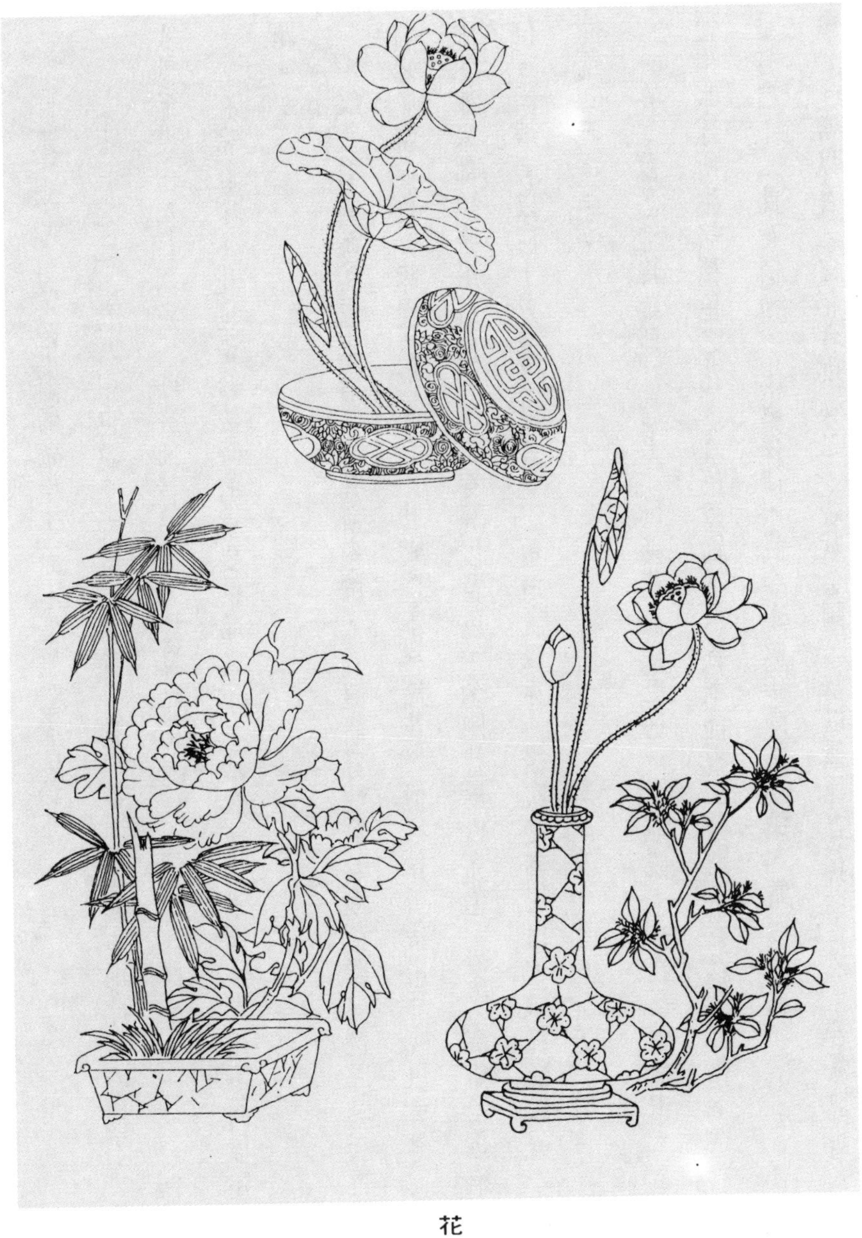

花

10.不染義，表處世隨順眾生，而不染如蓮華故。

《大日經疏》卷八中也說：「所謂花者，是從慈悲生義，即此淨心種子，於大悲胎藏中萬行開敷，莊嚴佛菩提樹，故說為花。」

在密教中，花也是修法時的重要供品之一，依修法之不同，則用不同種類的花。

《大日經疏》卷七云：「凡所奉獻，各隨諸尊性類及漫荼羅方位等一一善分別之，當令色香味觸適悅人心。其水陸不祥諸花，但可作折伏用耳。白黃赤三色中，如來部類當用白色，蓮花眷屬以黃色，金剛眷屬以赤色。復次當如漫荼羅方位，圓壇者以白，方壇者以黃，三角壇者以赤。復次諸佛用白，諸菩薩以黃，諸世天以赤。」

在《蘇悉地羯羅經》卷上〈供養花品〉更進一步地說：「作三種法中，當俱使用水陸所生諸種色之花。各色差別，依各本部善加分別，當以真言花奉獻。發是誓白：『此花清淨，生處復淨，我今奉獻，願垂受納，當賜成就』……若將花獻佛，當以香之白花者供養之，若獻金剛，當以種種香花供養之，若獻地居天，以隨處所取之種種諸花供養之。」如此舉出獻花之名稱，並指示使用於各種修法。經中並說如上的花中，白者用於扇底迦法，黃者用於補瑟徵迦法，紫色用於阿毗遮嚕迦法。在如是花中，味甘者用於扇底迦法，味辛者用於阿毗遮嚕迦法，味淡者用於補瑟徵迦法。

在經典中常見到四種供佛的天華，即：1.曼陀羅華（梵 māndarava），即白蓮。2.摩訶曼陀羅華（梵 maha-māndarava），即大白華。3.曼殊沙華（梵 mañjūṣaka），即赤華。4.摩訶曼殊沙華（梵 maha-mañjūṣaka），即大赤華。《法華經》卷一〈序品〉中說：「是時天雨曼陀羅華、摩訶曼陀羅華、曼殊沙華、摩訶曼殊沙華，而散佛上及諸大眾。」

除了以上四種天華之外，還有四種蓮華也是珍貴的供花，即：1.優鉢羅華（梵 utpala），即青蓮華。2.波頭摩華（梵 padma），即紅蓮華。3.拘物頭華（梵 kumuda），即黃蓮華。4.分陀利華（梵 puṇḍarika），即白蓮華。

此四種蓮華皆極珍貴。

華鬘

華鬘（梵 suma-mālā），用華作成之鬘。即以絲綴花，或結之，作爲頸上、身上的裝飾。

《玄應音義》卷一云：「頂言俱蘇摩，此譯云華；摩羅，此譯云鬘。（中略）案西國結鬘師多用蘇摩那華，行列結之，以爲條貫，無問男女貴賤，皆此莊嚴，或首或身，以爲飾好。則諸經中有華鬘、天鬘、寶鬘等，同其事也。」作華鬘時多用鮮花，所用的種類並不一定，主要是選擇有香味者。

以華鬘裝飾人身上，本來是印度風俗，但依戒律，比丘不得裝飾華鬘，僅能懸於室內，或以之供養佛。

在《十誦律》卷三十九中說：「有人施僧華鬘，諸比丘不受，不知用華鬘作何物。是事白佛，佛言：聽受，應以鉞釘著壁上，房舍得香，施者得福。」《毗尼母經》卷五中說：「花鬘瓔珞自不得著，亦不得作華鬘瓔珞與俗人著。比丘若

華鬘

爲佛供養，若爲佛塔、聲聞塔供養故，作伎不犯。」後更用來莊嚴佛殿。

關於作華鬘之華，《大日經》卷二〈具緣品〉列有鉢頭摩、青蓮、龍華奔那伽、計薩囉、末利、得蘗藍、瞻蔔、無憂、底無劍、鉢吒羅、娑羅等等。《毗尼母經》卷五則舉十一種，即優鉢羅華、娑師迦華、瞻蔔迦華、阿提目多迦華、打金作華、打銀作華、白鑞華、鉛錫華、作木華、作衣華、作帶華。後世更依《守護國界主陀羅尼經》卷九所述可用種種珍寶作華鬘以爲供養，因而乃有金屬製成的華鬘。可知，除鮮華之外所作成之鬘，亦稱華鬘。

密教亦以華鬘供養本尊聖眾，爲六種供養、五供養、八供養之一。亦有金剛鬘菩薩，華鬘之印明。並說此印，能流出無漏七覺之華及種種華雲海，周遍法界微塵剎土，以此乃成供養。

在古代印度雕刻中，遺留有許多華鬘供養之作品，如加爾各答博物館所藏的阿摩羅婆提（Amarāvatī）塔的欄楯雕刻、優薩夫宰（Yusafzai）地方出土的說法佛像之中，刻有許多人運載大華鬘，華鬘上又雕有蓮紋。日本自古即用華鬘莊嚴佛堂，如京都教王護國寺藏有以牛皮作成的華鬘十三枚及斷片四個，陸中中尊寺金色堂内也藏有銅造華鬘。

衣祴（花籠）

衣祴是指法會時盛放散華所用的供養華之器，又稱爲華筥、花籠、花筥、華筵、華盛等。

《圓光大師行狀畫圖翼贊》卷第十中記載：「華籠是散華時所用，以當後竹或銅鍮所作，垂以真紅色等停絲，盛以華，隨時散供，是僞諸經所謂的衣祴。」形狀爲直徑二五公分的淺皿狀，包括竹編或金屬網者，或在金屬薄板上有花紋透雕者，以及木製、紙胎塗漆製者。

如前面引用的「是僞諸經所謂的衣祴」一般，衣祴不但使用於散華時，同時，也是盛放獻華之器。在《禪林象器箋》中說：「僧家散花器名衣祴，其器小竹籠，以貯花而散之，蓋襲大通佛故事也。」

在《法華經．化城喻品》中說：「大通智勝佛得阿耨菩提，大光普照。爾時，東方五百萬億國土中諸梵天王與宮殿俱，各以衣祴盛諸天華，共詣西方推尋是相，東南方、南方、西南方，乃至下方，亦復如是。」

衣裓

香

指由富含香氣的樹皮、樹脂、木片、根、葉、花果等所製成的香料，依原料的不同，可分為旃檀香、沈（水）香、丁子香、鬱金香、龍腦香（以上稱五香）、薰陸香、安息香等類。

由於印度氣候酷熱，人體易生體垢、惡臭，故自古為消除體臭，乃將當地盛產的香木製成香料，塗抹於身，稱為塗香；或焚香料薰室內及衣服，名為燒香或薰香。其中，塗香所用的香料有香水、香油、香藥等；燒香所用的香料有丸香、散香、抹香、練香、線香等。據《大智度論》卷三十所記載，燒香僅能行於寒天時，而塗香在寒、熱天皆可行之。寒天時雜以沈水香，熱天時則雜以旃檀香。

「香」有「末香」、「線香」、「瓣香」等多種。

「末香」就是香木的粉末。香末可以點燃熏嗅，也可以加入油料，塗抹人身袒露之處，以防蟲咬。所以也叫做「塗香」。

香

「線香」是條狀的香枝，它也叫做「仙香、長壽香」。據禪林象器箋「器物門」說：「或言仙香；雜末眾香，加糊粘造之。其炷煙長久，故稱仙香；又云長壽香。其製纖長如線，故稱線香」。

「瓣香」就是香檀木的碎塊，因爲把檀木劈成了片片段段的小瓣，所以叫做「瓣香」。又因爲上等檀方乃是香中之極品，所以「瓣香」也叫做「大香」。

佛教將塗香、燒香作爲供養佛及眾僧的方法之一，攝屬六種供養、十種供養，但戒律禁止僧眾塗香。在密教之中，依三部、五部之區別，所用之香亦有不同。即佛部用沈香，金剛部用丁子香，蓮華部用白檀香，寶部用龍腦香，羯磨部用薰陸香。

又經論中常以香來比喻佛陀之功德，如《增一阿含經》卷十三所說的戒香、聞香、施香三種；《諸經要集》卷五、《集諸經禮懺儀》卷上所述的戒香、定香、慧香、解脫香、解脫知見香等五分法身香，即是將佛陀之功德以香來喻之。

除了以上五種香之外，依《乳味鈔》卷二十記載，在修孔雀經法時，也有特別所燒的五種香：指沈香、白膠香、紫香、安息香、薰陸香。在中央燒沉香，在東方燒白膠香，在南方燒紫香，在西方燒安息香，在北方燒薰陸香。

除了一般的香之外，還有抹香（梵 cūrṇa），指呈粉末狀之香。又作末香、粉香。主要是供撒布於道場或塔廟等地。與燒香、塗香不同。如《法華經》〈提婆達多品〉中說：「悉以雜華末香（中略）供養七寶妙塔。」

《勝天王般若波羅蜜經》卷五〈證勸品〉中說：「燒無價香，泥香塗之，末香以散。」另據《真俗佛事編》卷二引《大智度論》所言，乾香應燒，濕香應塗地，末香及華應散。又，《大寶積經》卷六十二〈阿修羅王授記品〉列有旃檀末香、優鉢羅末香、沈水末香、多摩羅跋末香、阿修羅末香等。

塗香

塗香（梵 vilepana、upalepana）爲古印度人的生活習慣之一。又稱塗身或塗妙香。即以香塗身，以消除體臭或熱惱。

《毗尼母經》卷五中說：「天竺土法，貴勝男女皆和種種好香，用塗其身，上著妙服。」又依《大智度論》卷九十三、卷三十記載，印度自古暑熱甚烈，人體易生臭氣，故其地風俗遂以旃檀木或種種雜香擣磨爲粉末，用以塗身、熏衣並塗地上及牆壁。

關於塗香的功德，《華嚴經》〈普賢行願品〉卷十一載有：增益精氣、令身芳潔、調適溫涼、長其壽命、顏色光盛、心神悅樂、耳目精明、令人強壯、瞻睹愛敬、具大威德等十功德。

而在《毗尼母經》卷五中說：「六群比丘如俗人法，用香塗身，諸檀越嫌之，云何比丘如俗人法。世尊聞已，制一切比丘不聽用香塗身。」所以沙彌十戒中也有不著香華鬘、不以香塗身的禁制，可知佛制比丘、沙彌不得如世俗以香塗身。

除了一般的香外，經中也說能止息煩惱者，以戒德爲塗香。

《中阿含》卷十五〈三十喻經〉中也說：「舍梨子！猶如王及大臣有塗身香、木蜜、沉水、旃檀、蘇合、雞舌、都梁。舍梨子！如是比丘、比丘尼以戒德爲塗香。」舊譯《華嚴經》卷二十五中說：「淨戒以爲香，七覺爲華鬘，禪定爲塗香。」《大日經疏》卷八說：「復次若深祕釋者，塗身是淨義。如世間塗香，能淨垢穢息除熱惱。今行者以等虛空閼伽洗滌菩提心中百六十種戲論之垢，以住無爲戒塗之，生死熱惱除滅得清涼性，故曰塗香。」

以塗香供養諸佛、菩薩，亦能獲致大功德，故密教將塗香與閼伽、華鬘、燒香、飲食、燈明等並稱爲六種供養。《金剛頂經瑜伽修習毘盧遮那三摩地法》云：「次結金剛塗香印，以用供養諸佛會，散金剛縛如塗香，香氣周流十方界。真言曰：唵蘇巘遢儗。由以金剛塗香印，得具五分法身智。」

《成就妙法蓮華經王瑜伽觀智儀軌》，當運手印誦真言時，觀想印及真言不思議加持願力法中，流出無量無邊塗香雲海，遍塗諸佛、菩薩、一切聖眾淨妙色身及其剎土。由作此法，獲得現當來世戒、定、慧、解脫、解脫知見等五無漏蘊法身之香。」

《蘇悉地羯囉經》卷上〈塗香藥品〉中，依佛部、蓮華部、金剛三部，息災、增益、降伏三種法，上、中、下三種悉地，而分別揭示不同的塗香方式，即：「佛部供養諸香樹皮及堅香木，所謂旃檀沉水天木等類，並以香果如前分別和爲塗香。蓮花部用諸香草根花果葉等和爲塗香。金剛部用或有塗香具諸根果。

先人所合成者，香氣勝者，通於三部。或唯用沉水和少龍腦以爲塗香。佛部供養唯用白檀和少龍腦以爲塗香。蓮花部用，唯用鬱金和少龍腦以爲塗香。金剛部用紫檀塗香，通於一切金剛等用。

肉豆蔻腳句羅惹底蘇末那或濕沙蜜蘇澀咩羅鉢孕瞿等，通於一切女使者天塗香供養。甘松濕沙蜜肉豆蔻用爲塗香獻明王。用諸香樹皮用爲塗香獻諸使者。隨所得香用爲塗香獻地居天。唯用沉水以爲塗香，通於三部九種法等及明王妃一切處用。

或有別作扇底迦法用白色香，補瑟徵迦法用黃色香，阿毗遮嚕迦法用以紫色無氣之香。

若欲成就大悉地者，用前汁香及以香果。若中悉地，用堅木香及以香花。若下悉地，根皮花果用爲塗香，而供養之。」

香爐

焚香之器具。與花瓶、燭臺一齊供養於佛前，爲比丘十八物之一。

其材質多爲金屬、鍮石、磁、陶、紫檀等，形狀多樣化，大致可分爲四類，即⑴置於桌上的置香爐，如博山形、火舍形、金山寺形、蛸足形、鼎形、三足形、香印盤形等。⑵持於手上的柄香爐，如蓮華形、獅子鎮形、鵲尾形等。⑶坐禪時所用的釣香爐。⑷灌頂時，受者跨越而以淨身之象爐。

《金光明經》卷二〈四天王品〉中說：「世尊！是諸人王於說法者，所坐之處，爲我等故，燒種種香，供養是經，是妙香氣，於一念頃，即至我等諸天宮殿。（中略）佛告四王，是香蓋光明，非但至汝四王宮殿；何以故？是諸人王，手擎香爐，供養經時，其香遍布。」

古時，於佛前行祈拜供養之時，手擎香爐；後世之柄香爐，即襲此遺風而來。

香爐

在〈沙彌得度〉中說：「几上安香燭、手爐、戒尺。乃至戒師秉爐白。」《法苑珠林》中記載：「天人黃瓊說迦葉佛香爐，前有十六師子、白象，於二獸頭上別起蓮華臺以爲爐，後有師子蹲踞，頂上有九龍繞承金華，華內有金臺寶子盛香。佛說法時，常執此爐。」

使用手爐，大都是在剃度、禮懺、奉請……等場合。爐頭插香，雙手執持爐柄；也有兼插鮮花以爲供養者。

在新疆地方，所發現之佛教遺蹟，其中之壁畫，可推定爲唐朝佛畫，圖中亦有手持香爐，長跪禮拜者。而此香爐下部，附有稍高之臺座。

又，密教的火舍也是香爐之一種，爲密教用具之一。後世並謂爲佛前四具足之一。柄香爐，一稱手爐，北宋．開寶八年所題記對佛畫（敦煌發掘）繪有此香爐。

此外，亦有香盤，放置檀香爐用的盤子。它是用木料做成的，表面塗以咖啡色的油漆。面積長約一尺餘，寬約七、八寸，邊沿高約一寸許，盤子呈長方形。

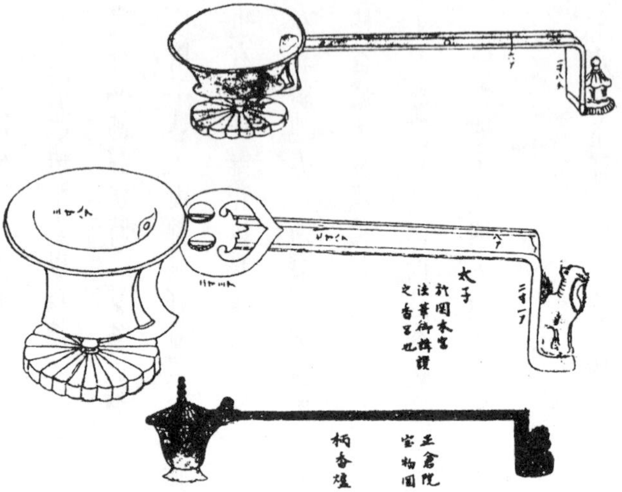

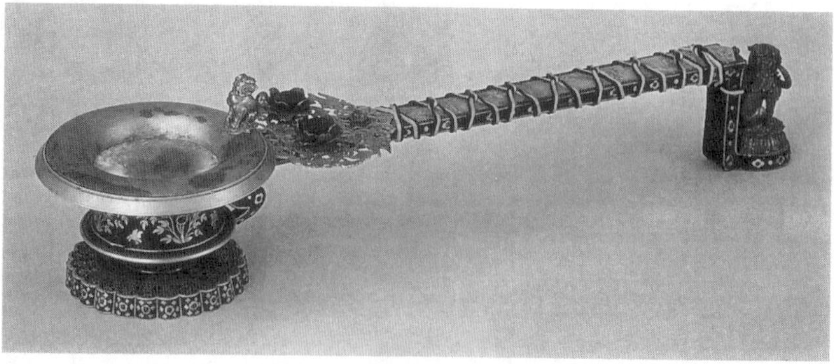

手爐

飲食器

盛放供養佛的飲食之容器，普通常見於家庭佛壇。本來是出於應器，乃是在應器上附以台腳，而腳部下方變寬的形式。通常台腳具有兩條或三條的隆起帶紋。使用於密教時，以兩座爲一組。普通在大壇上一面器的兩邊各置一個。通常不加帶紋以外的紋式，但有時在腳或鉢的外面也加以紋式。

飲食器

鏡子

佛具中的鏡子，是用以增添佛堂及光背的莊嚴，亦稱懸鏡、壇鏡。而非照形影、化妝用。《摩訶僧衹律》中記載：「不得因喜好之故而自照其面。」在禪堂中，也有懸鏡助學人入道者，如《資持記》中說：「坐禪處，多懸明鏡，以助心行。」

在《釋氏要覽》中說：「若病差，若新剃頭，若頭面有瘡，照無罪。若爲好故照者，得越毘尼罪。」這是說比丘不應以喜好之故，而以鏡照自面。在《陀羅尼集經》中所列之二十一種供養具中有寶鏡，同時，舉出莊嚴道場用的大鏡二十八面，小鏡四十二面。在密教中，鏡子爲灌頂用具之一，阿闍梨對弟子們出示鏡子，用以解說諸法之性相。

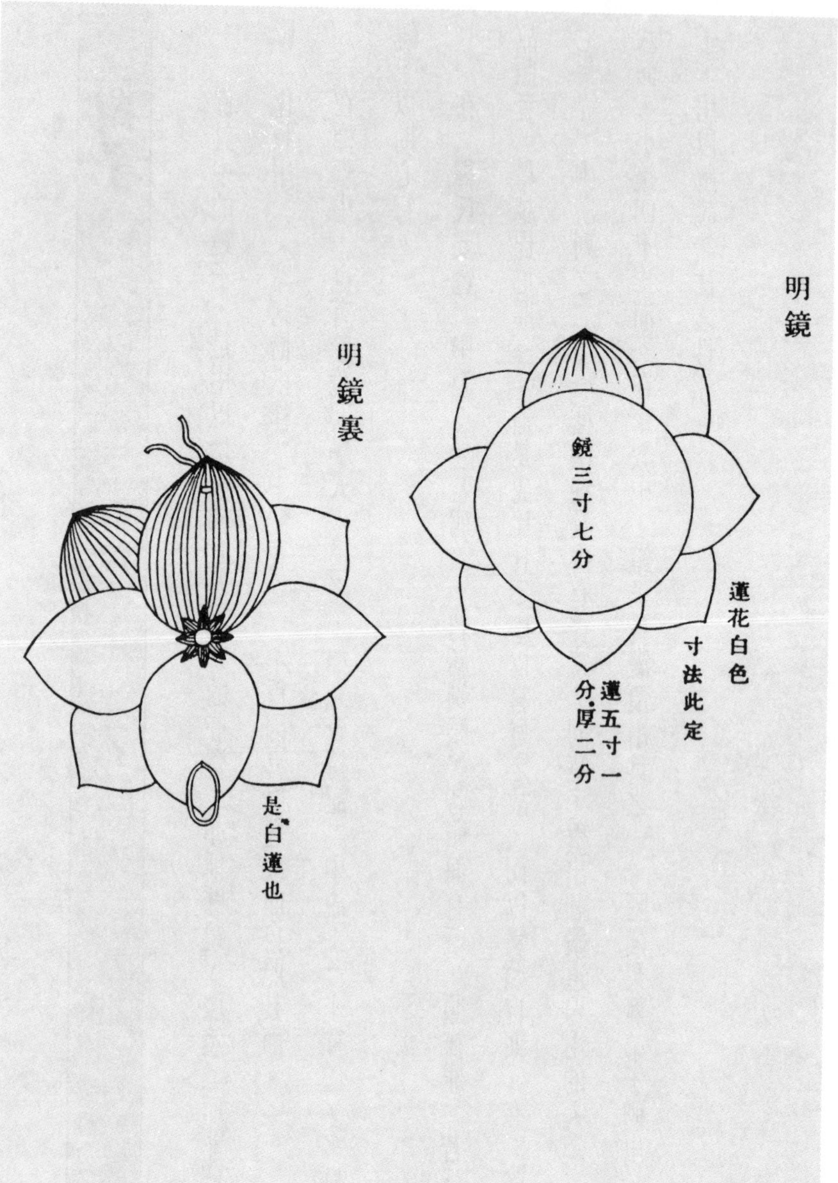

鏡子

第四章 梵唄讚誦的法器

木魚

古代的木魚又稱木魚鼓、魚鼓或魚版，其形狀、用法均與後世不同。

在《敕修百丈清規》卷八〈法器章〉木魚條中說：「齋粥二時長擊二通，普請僧眾長擊一通，普請行者二通。」由此可知，古代的木魚主要用來做爲集合僧眾的訊號。

至於爲何而作魚形，《釋氏要覽》中說：「今寺院木魚者，蓋古人不可以木

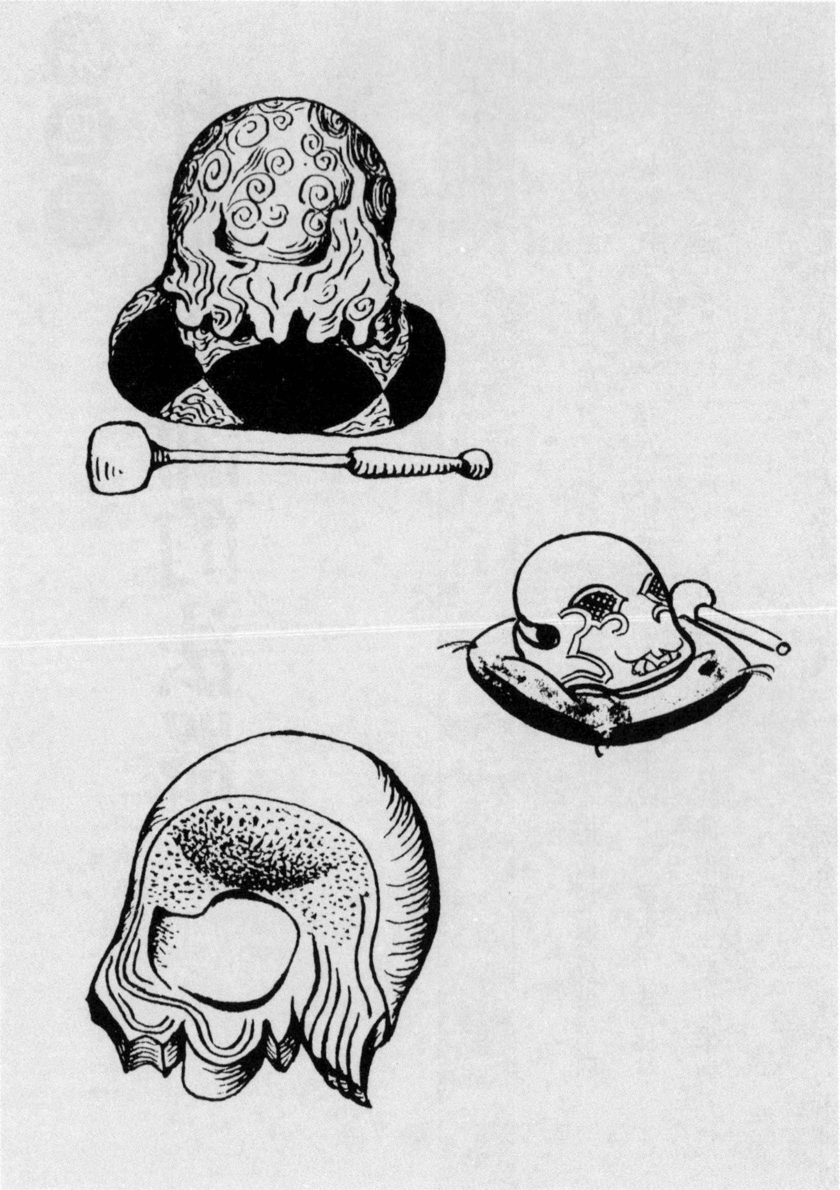

木魚

朴擊之，故創魚象也。又必取張華相魚之名，或取鯨魚一擊蒲牢為之大鳴也。」《敕修百丈清規》中說，作魚形是晝夜精進義：「相傳云，魚晝夜常醒，刻木象形擊之，所以警昏惰也。」

關於木魚的起源，日本．成尋在《參天台五臺山記》卷三〈宋神宗熙寧五年八月八日〉條中記載：「實性院本名清泰寺，中有傅大士像供人禮拜燒香。院主長老謂諸寺打木魚鼓召集行者，乃源於傅大士。往昔，大士覓頭陀於嵩山時嘗打魚鼓，頭陀即應鼓聲而來。其後，天下大小寺院以木魚鼓集合大眾。」

也有認為木魚是隋代沙門志林所造，史料並無記載。此外《增修教苑清規》卷下〈法器門〉木魚條又有另一個傳說：有一名僧人違犯其師教誨，毀壇戒法，不但墮入魚身受惡報，而且背上還長了一棵樹，風濤搖擺時，皮肉更加苦痛。其師渡海時，大魚遂作巨風浪而說：「往昔你不教導我，以致令我墮魚報，今欲報此怨。」其師問他：「汝名甚麼？」魚回答後。其師令懺悔，又為其設水陸追拔法會。後於夜夢間，大魚自稱已脫魚身，可將其背上之樹木供養寺眾，以親近三寶。其師後果然見到魚屍背之大樹，即刻成魚形，懸掛警眾。

關於木魚的由來，也有另一個傳說。玄奘大師的《指歸曲》中記載：玄奘大師自天竺歸，途經蜀道時，巧遇一長者。此長者喪妻，有兒甫三歲，其後母惡之，趁長者出獵時，從樓上將孩兒擲入水中。長者哀其子故，爲其設齋供僧。此時適遇玄奘大師到來，長者歡喜迎請第一座，然而玄奘大師卻不食。並告訴長者：「我長途跋涉，非常疲勞，希望能得魚肉喫之。」在場者聞言皆大驚，長者欲出買魚，玄奘又囑咐他：「一定要大魚才好。」長者於是買回一條大魚，才割開魚腹，就見到自己的孩兒在魚腹中啼哭：所沒之兒啼在魚腹中，長者大欣歡。玄奘大師說：「這是此兒夙世持不殺戒之果教，所以現今雖被魚吞，卻得不死。」長者問：「如何報魚恩？」玄奘大師告曰：「以木雕成魚形，懸之於佛寺，於齋時擊之，可以報魚德。」即今之木魚是也。

至於現今誦經、禮佛時所使用，頭尾相接的團圓形木魚，可能是明代的產物。明．王析《三才圖會》中說：「木魚，刻木爲魚形，空其中，敲之有聲。（中略）今釋氏之贊、梵唄皆用之。」並繪圖說明。《禪林象器箋》〈唄器門〉也說：「按圖會木魚圖，魚頭尾自相接，其形團欒。今清國僧稱木魚者，作龍二首一身，鱗背兩口相接，銜一枚珠之形，亦空肚團欒。蓋與圖會木魚同，諷唱時專敲之以成節。」

其中所謂改魚身作龍頭，可能是取《群籍一覽》卷上所載劉斧《摭遺》所謂「魚可化龍，凡可入聖」之義。

一般，木魚都是橫穿腹部中央，作中空的團欒形，頭部、鱗甲、龍珠等多限以黑漆，押上金箔，其它部分則塗以朱紅；安於小布團上，以包皮的木槌敲擊腹部中央。至於體積大小，普通是徑一尺乃至六尺，較小的則有三寸乃至五寸等。

木魚又稱魚鼓，在《雪峰存禪師錄》中有一首〈咏魚鼓頌〉，對木魚有生動的描述：「我暫作魚鼓，懸頭爲眾苦，師僧喫茶飯，拈槌打我肚。身雖披鱗甲，心中一物無，鸕鷀橫谿望，我誓不入湖。」又說：「可憐魚鼓子，天生從地養，粥飯不能飡，空肚作聲響。時時驚僧睡，懶者煩惱長，住持鬧喧喧，不如打游漾。」此中將木魚警策大眾的意味，以有趣的方式呈現出來。

鐘

寺院爲報時，集合大眾時而敲擊的法器。其形制有梵鐘及半鐘二種。

梵鐘又稱大鐘、釣鐘、撞鐘、洪鐘、鯨鐘、蒲牢、華鯨、華鐘、巨鐘。多屬青銅製，少數爲鐵製，一般高約一五〇公分、直徑約六十公分，形式是上端成雕成龍頭的釣手，下端有相對的二個蓮華形撞座，稱爲八葉，撞座以下稱草間，下緣稱駒爪；以上則分池間、乳間二部分，且乳間有小突起物並列環繞，又連結撞座呈直角交叉的條帶稱爲袈裟襷，又名六道，另外，釣手傍有呈圓筒狀的筒插通內部。此類鐘多懸於鐘樓，作爲召集大眾時或早晚報時之用。

《敕修百丈清規．聖節》中說鳴大鐘爲召集大眾上殿及警覺睡眠：「鳴大鐘及僧堂前鐘集眾，列殿上，向佛排立。」又〈法器章〉中說：「大鐘，叢林號令資始也。曉擊則破長夜，警睡眠；暮擊則覺昏衢，疏冥昧。引杵宜緩，揚聲欲長，凡三通，各三十六下，總一百八下，起止三下稍緊。」

鐘

而在叩鐘時，如果能觀想覺悟一切眾生，則獲利更大。文中又說：「鳴鐘行者，想念偈云：『願此鐘聲超法界，鐵圍幽暗悉皆聞，聞塵清淨證圓通，一切眾生成正覺。』仍稱觀世音菩薩名號，隨號扣擊，其利甚大。」

其所發之音或稱鯨音。又後世多在其表面平滑處刻銘。

在《增一阿含經》中說，若打鐘時，一切惡道諸苦，並得止息。在《付法藏傳》卷五中記載：「古月支國王，因為與安息國戰爭，殺人九億。因為惡報的緣故，死後化為千頭大魚，頂上有劍輪繞身砍頭。可是隨砍立即又出生，極痛難忍。於是前往請求羅漢僧長（常）擊鐘聲，以止息其苦。」

《續高僧傳．釋智興傳》中有一個故事：有一亡者託夢予其妻說：「我不幸病死，生於地獄，賴蒙禪定寺僧智興鳴鐘，響震地獄，同受苦者一時解脫。」有人就問智興：「為何鳴鐘能有如此感應？」

智興回答：「我並無特別的神術。只是見《付法藏傳》中說罽賊吒王劍輪止停之事，及《增一阿含》中鐘聲功德，敬慎遵行，苦力行踐之。我每次鳴鐘之始，皆祈願諸賢聖同入道場，然後三下；將欲長打，如先致敬，願諸惡趣，聽聞此鐘聲，俱時得離苦。如此願行，心志恆常敬奉而修力，或許是如此而有感應吧！」

半鐘又稱喚鐘、小鐘，多以真鍮（黃銅）鑄造，通常高約六十至八十公分，乃吊於佛堂內之一隅，因其用途係爲普告法會等行事之開始，故亦稱行事鐘。

寺院大鐘之制源自印度，然鐘在該地係稱犍稚（ghauta），如《增一阿含經》卷二十四中說：「阿難（中略）即昇講堂，手持犍稚並作是說：我今擊此如來信鼓，諸有如來弟子眾者盡當普集。」此有木、石、銅製之別，雕刻極爲精美，多懸於鐘台。

在中國，黃帝時即有工匠垂鑄鐘，原係祭祀、宴享的樂器，如西周有所謂的「編鐘」。到佛教傳入後，始成寺院中的法器。此物多爲青銅製，外形樸素，常刻有銘文，且自六朝時代起多掛在鐘樓。如《廣弘明集》卷二十八列有大周二教鐘銘（北周．天和五年武帝製）、大唐興善寺鐘銘、京都西明寺鐘銘（唐．麟德二年造）等。又，蘇州寒山寺之鐘，因唐．張繼〈楓橋夜泊〉詩而聞名於世。另據日僧圓仁之《入唐求法巡禮行記》卷三所載，五臺山的鐘樓谷乃是文殊菩薩一度示現金鐘寶樓之處。

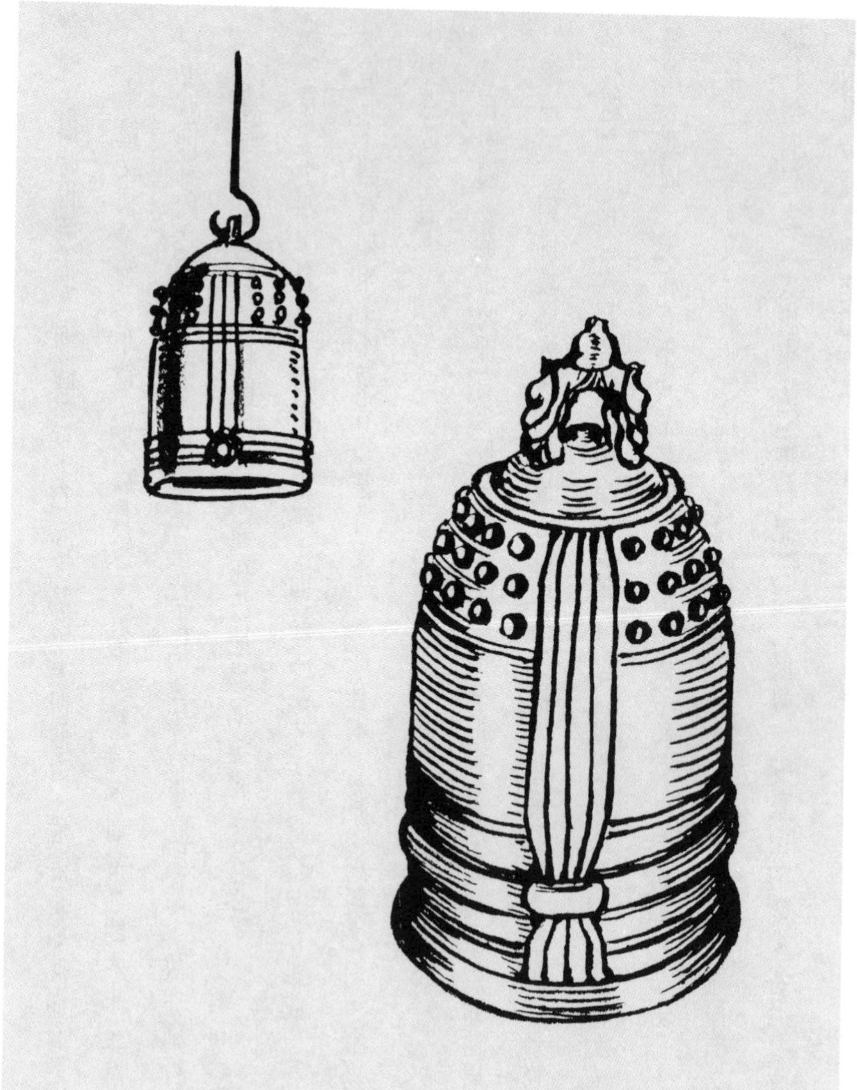

半鐘

朝鮮自古亦有梵鐘，然其制稍異，無袈裟襷。其中，新羅．惠恭王七年（公元七七一年）所鑄造的泰德寺鐘，現今懸於慶州南門外的鐘樓。

日本的梵鐘深受中國、朝鮮的影響。其被列爲國寶的寺鐘之中，有不少即來自此二國。

有關鳴鐘之法，依宗派、地方而異，但通常是以三鳴鐘爲始，以二鳴連續作終。又，鳴鐘的次數以十八聲爲常例，亦有三十六聲、一〇八聲。其中，對於鳴一〇八聲之原因，或謂是對應十二月、二十四氣、七十二候之數。或謂可使百八煩惱清醒覺，故佛教稱爲「百八鐘」。

除此之外，不同的鐘代表不同的訊號，如「殿鐘」，即佛殿鐘也，在《敕修百丈清規．楞嚴會》中說：「鳴大鐘、僧堂鐘、殿鐘、住持至佛前燒香。」又《法器章》中說：「殿鐘，住持朝暮行香時鳴七下。凡集眾上殿，必與僧堂鐘相應接擊之，知殿主之。」可知殿鐘是集合大眾上殿之訊號。

另有「僧堂鐘」，《禪林象器箋》中說：「僧堂前鐘，其製稍小，或單稱堂前鐘。」

《敕修百丈清規．請立僧首座》中記載：「堂司行者鳴僧堂鐘，大眾同送歸寮。」又〈法器章〉中說：「僧堂鐘，凡集眾則擊之。遇住持每赴眾入堂時，鳴七下。齋粥下堂時、放參時、旦望巡堂喫茶下床時，各三下。住持或不赴堂，或在假則不鳴。堂前念誦時，念佛一聲，輕鳴一下，末疊一下，堂司主之。」

還有「入堂鐘」，《禪林象器箋》〈唄器門〉中說：「堂者，僧堂也，齋時大眾入僧堂時，鳴大鐘十八下，謂之入堂鐘。」可見此為大眾入僧堂之訊號。

《永平清規．赴粥飯法》中說入堂鐘也是入齋堂之訊號：「粥時，開靜已後；齋時，三鼓已前，先於食位就坐。齋時，三鼓之後，鳴大鐘者報齋時也。城隍先齋鐘，山林先三鼓。此時若面壁打坐者，須轉身正面而坐。若在堂外者，即須息務洗手令淨，具威儀赴堂。次鳴板三會，大眾一時入堂。」

大鼓

大鼓（梵名dundubhi）樂器名。打擊樂器的一種，又作太鼓。即在中空的木製圓筒上張皮，以供打擊的樂器。在佛教古來被做爲敲打集眾之用。在《有部目得迦》卷八中說：「六大都城諸苾宣等，咸悉來集，人眾既多，遂失時候。佛言：應打犍稚。雖打犍稚，眾鬧不聞。佛言：應擊大鼓。」此外，鼓也用來做爲警示之用。在《大唐西域記》卷十二〈瞿薩旦那國〉中說：「以此大鼓，懸城東南，若有寇至，鼓先聲震，河水遂流，至今利用。」中亞地區也將大鼓列爲主要樂器之一，二十世紀考古學家在克孜爾（Kizil Piaun-hohle）窟中的佛陀降魔圖壁畫，即描繪一魔軍身負大鼓，從後方擊之迫佛的情景。

我國古代亦將大鼓用於儀式、舞樂與軍陣中。唐代以降，禪林普遍使用大鼓。《敕修百丈清規》卷下，有「法鼓」、「茶鼓」、「齋鼓」、「更鼓」、「浴

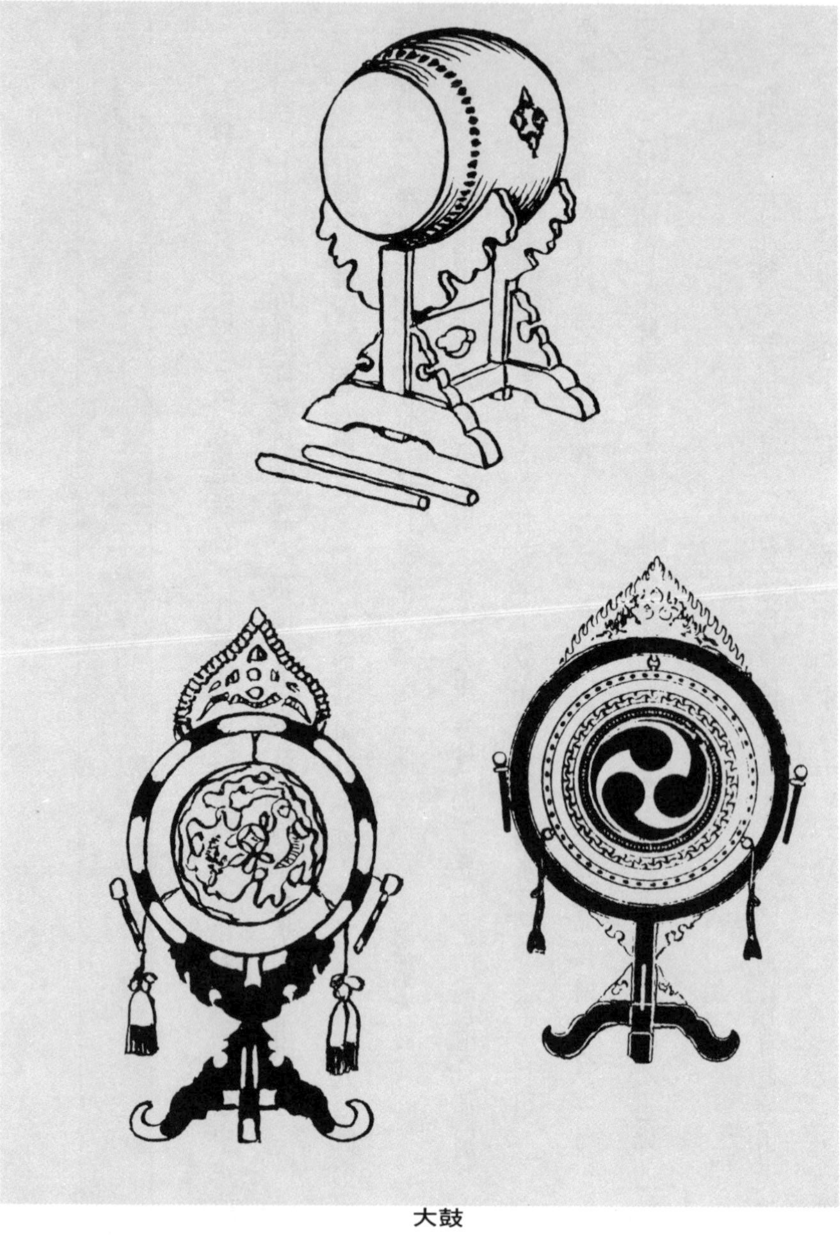

大鼓

鼓」等多種。其中，法鼓是在住持上堂、小參、普說、入室時擊之。上堂時擊三通，小參時擊一通，普說時擊五下，入室時擊三下，皆當緩擊。茶鼓是在祖忌獻茶湯時，長擊一通，由侍司主之。齋鼓懸於庫司之前，於齋時擊三通。更鼓是由庫司主之，早晚平擊三通，其餘隨更次擊之。浴鼓是在浴時擊四通，由知浴主之。

鼓的材料，初期有金（金屬）、玉、木、石等種種製品。一直到現代，則多已改用木料和牛、馬、豬皮等製造。用金屬製造的叫「鉦鼓」，用石料製造的叫「石鼓」，獸皮製成的稱爲「皮鼓」。

近世佛寺中所用的鼓，其狀多爲矮桶式，大型鼓多半懸掛在鼓樓中，或大雄寶殿的簷角下。中、小型的鼓，則配以吊鐘，架放在鼓架上，以備讚誦唱唸之用。手鼓則於離位行進時執持敲用。

磬

爲銅製鉢形的法器，敷褥而安放於一定之台上，以桴敲擊。又稱作鏧子或鏧，於法會或課誦時，作爲起止之節。《中天竺舍衛國祇洹寺圖經》卷下〈佛衣服院〉條云：「有一銅磬可受五升，磬子四邊悉黃金，鏤作過去佛弟子，又鼻上以紫磨金爲九龍形。背上立天人像，執玉槌用擊磬，聞三千世界。」由此可知，古代印度祇洹精舍之一院已設有銅磬。

在我國宋代以後，磬多被用於禪林中，《敕修百丈清規》卷八〈法器章〉中說：「磬，大殿早暮住持知事行香時，大眾看誦經咒時，直殿者鳴之；唱衣時維那鳴之；行者披剃時作梵睹梨鳴之。」又，同書卷五〈大眾章〉「沙彌得度」條云：「作梵闍梨鳴大磬作梵。」現今則普及於一般寺院，各寺佛殿中均安置之，是早晚課誦、法會讀經或作法時不可或缺的法器。磬有大、小之分。一般安於佛殿之大磬，口徑多在一尺到二尺間。

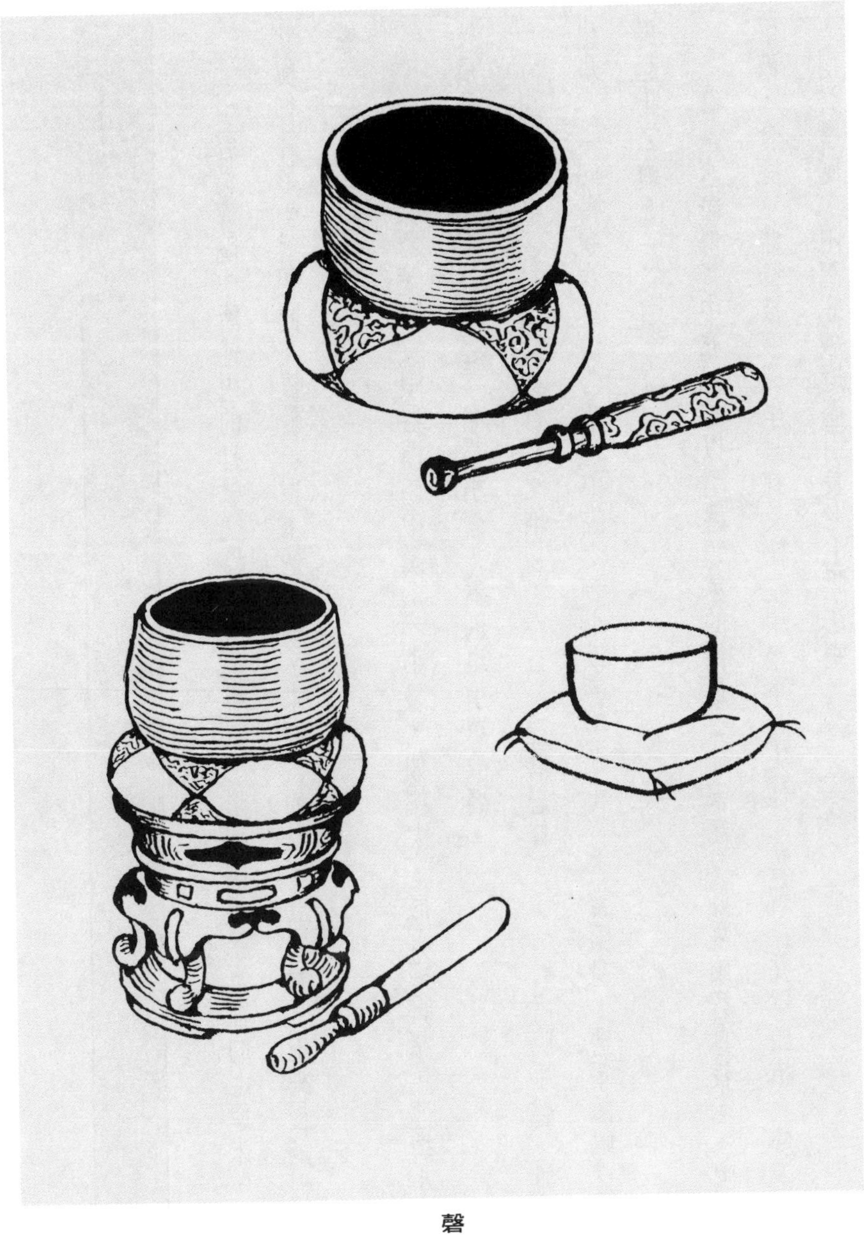

磬

引磬

引磬爲寺院中所使用的打擊樂器，又稱手磬。形似酒盅，直徑約七厘米，形狀與仰鉢形坐磬相同。置於一根木柄上端，木柄長約三十五厘米，用細長銅棍敲擊。

《禪林象器箋》〈唄器門〉中說：「小磬，如桃大，底有竅貫緒，連縛小竹枝爲柄，以小鐵桴擊之。名爲引磬，蓋因導引眾故名。」

引磬之名，見於《敕修百丈清規》卷二〈達磨忌條〉：「行者鳴手磬，維那出班。」同書卷八〈法器章〉中說：「小手磬，堂司行者常隨身，遇眾諷鳴之，爲起止之節。」

在《水滸傳》中亦記載以引磬領眾的情形：「宋江參五臺山智真長老，鳴鐘擊鼓，合寺眾僧都披袈裟坐具到於法堂中坐下，宋江、魯智深并眾頭領立於兩邊，引磬響處，兩碗紅紗燈籠引長老上陞法座。」

《敕修百丈清規．沙彌得度》亦記載：「引請收坐具起，鳴手磬，引剃頭人入堂。」又在同書中〈亡僧〉中也記載僧眾諷誦經咒時，以引磬領眾唱念之事：「齋粥，殿堂諷經罷及放參罷，堂司行者即鳴手磬前引，首座領眾至龕前，住持燒香畢，維那舉大悲咒。」

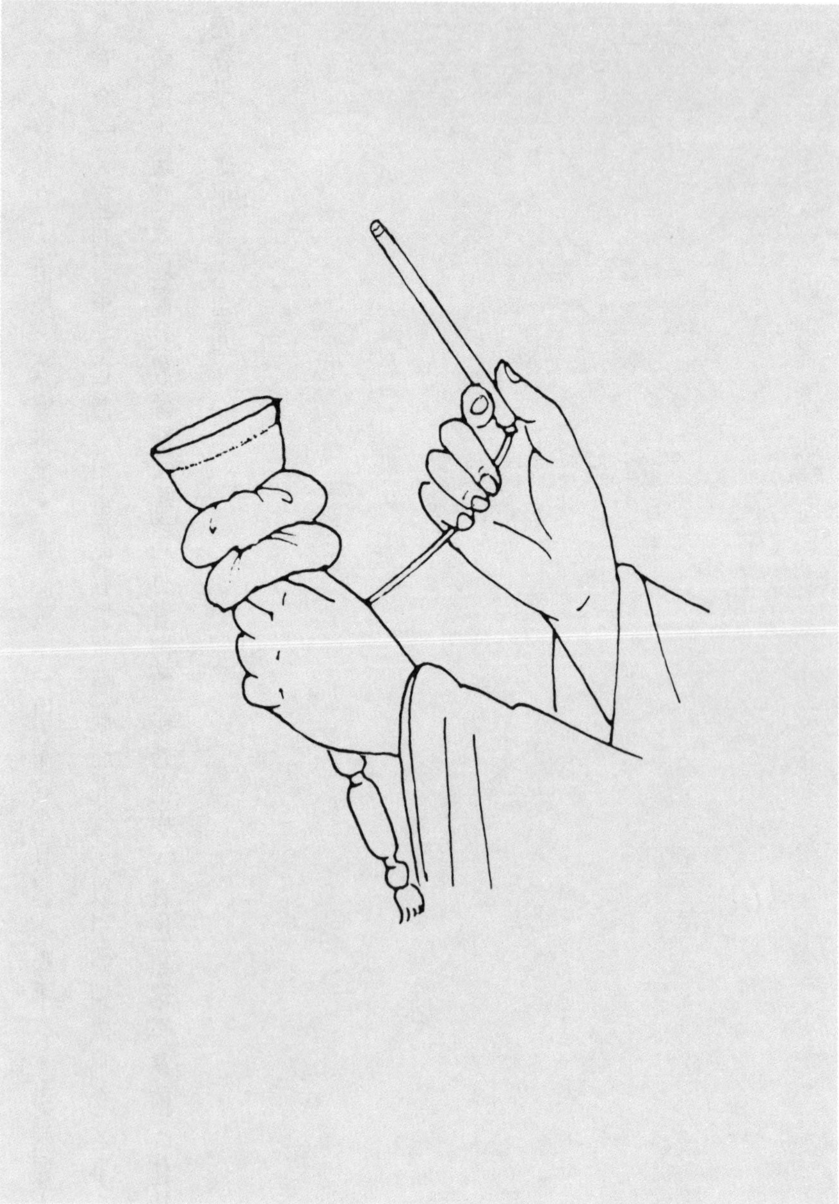

引磬

銅鈸

鈸又作銅鈸、銅鈸子、或銅鉢子、亦稱銅盤、鐃鈸等。用響銅所造，其形如圓盤，中央隆起如丸狀，中心穿一小孔，繫以布縷，兩片互擊而鳴奏之。

在杜氏《通典》中說：「銅鈸亦謂之銅盤，出西戎及南蠻，其圓數寸，隱起如浮漚，貫之以韋，相擊以和樂也。南蠻國大者，圓數尺，或謂齊穆王素所造。」《文獻通考》中也記載：「銅鈸亦謂之銅盤，本南齊穆王素所造，其圓數寸，中間隆起如浮漚，出西戎、南蠻、扶南、高昌、疏勒之國。大者圓數尺，以韋貫之，相擊以和樂。唐之燕樂、清曲，有銅鈸相和和之樂，今浮屠氏清曲用之，蓋出於夷音。然有正與和，其大小清濁之辨歟。」

在佛教中，銅鈸爲伎樂供養具之一。經律中有多處記載，如《佛本行集經》卷十四中說：「一千之銅鈸，一千之具蕭，晝夜不絕於宮內。」描述宮中榮華的景象；而在《摩訶僧祇律》卷三三中則說與鐃相同，爲伎兒使用樂器之一種，也

銅鈸

可視爲娛樂用的打擊樂器。

在《敕修清規．法器章類》說到銅鈸使用的時機：「鐃鈸，凡維那揖住持、兩序出班上香時，藏殿祝贊轉輪時，行者鳴之。遇迎引送亡時，行者披剃，大眾行道，接新住持入院時，皆鳴之。」

《大宋僧史略》卷下〈結社法集〉的項目亦說：「初集鳴鐃鈸，唱佛歌讚，眾人唸佛行道。」即說明銅鈸亦運用在眾人集合行事時鳴之。

戒尺

戒尺爲法器之一，或單稱尺，即在舉行歸依、剃度、傳戒、說法等法會時，用以警覺大眾或安定法會秩序的法具。

《敕修百丈清規》卷五〈大眾章〉沙彌得度條下中說：「設戒師座几與住持分手，几上安香燭、手爐、戒尺。」《禪林象器箋》〈唄器門〉云：「受戒專用之，故得戒尺之稱。」

其中並提及戒尺的尺寸：「其戒尺在下者，長七寸六分，厚六分，闊一寸一分餘，下面四邊有縷面；在上者長七寸四分，厚五分餘，闊一寸，上面四邊有縷面。上木正中豎安木鈕，鈕長二寸五分，高七分，把鈕擊之。」

戒尺係由兩小木構成，一仰一俯，仰者在下，稍大。使用時，取上者擬擊下者而鳴之。又，一說戒尺爲界尺，然據《禪林象器箋》〈器物門〉所載，界尺爲資身細器之一，係用以畫界或鎮紙幅，與戒尺之用處不同。

犍稚

犍稚（梵文 ghaṇṭā）爲寺院報時之器具。又作犍稚、犍遲、犍地、犍抵、犍植、犍槌、犍鎚。在《玄應音義》卷一中說：「犍稚，直追反，經中或作犍遲。案梵本臂吒犍稚，臂吒此云打，犍稚此云所打之木。或檀，或桐，此無正翻。以彼無鐘磬故也。但椎、稚相濫，所以爲誤已久也。」又，據諸經律所譯，或作板，或作鼓、鈴、鐸等，所用名稱不一。

關於犍稚的倡設緣起，依《五分律》卷十八所記載，在佛陀時代，有一次僧團布薩時，未能及時集合，乃至荒廢坐禪行道。時，佛陀乃教示須唱言時至，並敲打犍稚，或擊鼓、吹螺集合大眾。

犍稚本爲木製，如後世所謂的「板」。在《五分律》卷十八中說：「諸比丘不知以何木作犍稚，以是白佛。佛言：除漆樹毒樹，餘木鳴者聽作。」而《大智度論》卷二中說：大迦葉尊老往須彌山頂，撾銅犍稚。依此可知，後世亦用銅製犍稚。此外，《大比丘三千威儀》卷下中說有五事須打犍稚，此五事即中說有：「一者常會時，二者旦食時，三者晝飯時，四者暮投槃時，五者一切無常。」關於其打法，《四分律疏飾宗記》卷八中說：「創疏而輕，漸急而重，將欲了時漸細漸沒，名爲一通，如是至三，名日三通。於最後通聲沒之次，大打三下，或二或一，以表聲絕。」

犍稚

雲版

雲版是禪林中爲眾僧報粥飯時間所擊打之器具。以其鑄爲雲形，或於平版上鏤刻雲形花紋，故稱爲雲版，又稱作雲板或大版。

《禪林象器箋》〈唄器門〉中說：「雲章曰：版形鑄作雲樣，故云雲版。（中略）俗事考云：宋太祖以鼓多驚寢，遂易以鐵磬，此更鼓之變也，或謂之鉦，即今之雲板也。」

雲版掛在齋堂前，因於粥（朝食，即早飯）、齋（晝食，即午飯）之前連打三十六響，故稱長版。又以當時之眾僧可取下鉢盂以集合，故長版又作下鉢版。

日本江戶時代的《洞上僧堂清規考訂別錄》上該載：「於粥飯已熱而熄火時敲響三下，因而名爲火版。因於齋粥時長打，又稱長版，均針對用途而命名。」如此舉出依照用途所取之名。據銘記的記述，又稱打版、打飯、齋板、板鐘等。

雲版由青銅或常所製造。形式原則上爲雲形，上部有懸掛用的洞孔，中央偏下有撞座，分爲兩面式與片面式，細部有若干差異，形式十數種。

雲板

第五章 古代比丘生活器具

鉢

鉢（梵pātra）比丘六物（三衣、鉢、坐具、漉水囊）之一。又稱鉢多羅、波多羅、鉢和蘭等。意譯應器、應量器。即指比丘所用的食具。其種類有鐵鉢、瓦鉢之別。持鉢行乞稱爲「托鉢」。由於比丘持鉢以應受他人的飲食，故鉢亦稱應器。

《四分律》卷九中提及鉢之種類云：「鉢者有六種，鐵鉢、蘇摩國鉢、烏伽羅國鉢、優伽賒國鉢、黑鉢、赤鉢。大要有二種，鐵鉢、泥逃。」該書卷五十二中說，禁止使用由木、石、金、銀、琉璃、寶、雜寶所作成的鉢，並以此簡別在

鉢

家和外道。《五分律》卷二十六謂不使用金銀七寶、牙、銅、石、木的鉢，若使用金銀乃至石鉢，則犯突吉羅，若使用木鉢，則犯偷蘭遮，若如外道之使用銅鉢，則犯突吉羅。僅准許使用鐵鉢、瓦鉢、蘇摩鉢。所謂泥鉢、瓦鉢、蘇摩鉢，皆是同類之物，蘇摩鉢是就產地而命名的。

鉢的顏色，應熏為黑色或赤色，即《四分律》所說的黑鉢、赤鉢。《摩訶僧祇律》卷二十九中說瓦鉢當熏成孔雀咽色，毗陵伽鳥色，或是鴿色。鐵鉢則作鉢爐，以阿摩勒核、佉陀羅核、巨摩、竹根熏之。關於容量，《四分律》卷九舉出大、中、小三種。大者三斗，小者一斗半。但是根據唐代的量法，應是一斗至五升之間。

戒律中規定比丘不得儲存多鉢，護持鉢當如護持自己眼睛一般，應當常以澡豆洗淨除去垢膩。

在律制上，規定鉢有「體」、「色」、「量」等三法。第一：鉢之「體」，材質只准使用瓦、鐵兩物塑鑄，不得使用「金、銀、銅、琉璃、摩尼、白蠟、木、石……」等物製做。第二：鉢之顏色，《四分律》限用黑、赤兩色，《五分律》限用孔雀咽色。除此「黑、赤、灰」三色之外，不准薰染其他顏色。第三：鉢的容量，《四分律》說：「大者可受三斗、小者可受半斗、中者比量可知。」依個人食量而定。

至於鉢的形狀：呈矮盂形，腰部凸出，鉢口鉢底向中心收縮，直徑比腰部短。這種形狀可使盛的飯菜，不易溢出，又能保溫。

⊙鉢的由來

關於鉢的由來，根據《太子瑞應本起經》卷下所述，佛成道後七日（一說是七十七日）未食，適有提謂、波利二商主始獻麵蜜，佛時知見過去諸佛皆以鉢受施。四天王知佛所念，各至須頞山上，從石中得自然之鉢，俱來上佛，佛乃受四鉢置於左手之中，右手按其上，以神力合爲一鉢，令現四際。《出三藏記集》卷十五〈智猛傳〉：「又於此國見佛鉢，光色紫紺，四邊燦然。」《高僧法顯傳》〈弗樓沙國〉條云：「雜色而黑多，四際分明，厚可二分，甚光澤。」皆符合此說。

關於其容量，《法苑珠林》卷三十載僧伽耶舍之鉢：「釋迦如來在世之時，所用青石之鉢，其形可容三斗有餘。」另據《高僧法顯傳》所載，可容二斗許。

關於其重量，《大智度論》卷二十六云：「所以不聽比丘畜者以其重故。（中略）問曰：侍者羅陀彌善、迦須那剎、羅多那、伽娑婆羅、阿難等，常侍從世尊執持應器，何以不憐愍？答曰：侍者雖執持佛鉢，以佛威德力故，又恭敬尊重佛故，不覺爲重，又阿難身力亦大故。」

鉢損壞時，若五綴（五種修補方法）而不漏，則不得求新鉢，經修補後再用的鉢，即稱五綴鉢。鉢置於地上時，若有轉倒之虞，則當作鉢支以安置之，攜帶時則應收入「鉢囊」，或稱鉢袋、鉢絡、絡囊。

⊙鉢的故事

相傳佛成道後，二商主供養麨酪時，四天王各奉一石鉢，佛受之將鉢相疊安置在左手，再以右手按下將四鉢合爲一鉢。佛度三迦葉之時，將毒龍放入鉢內。佛入滅後，其鉢曾被慎重安置，受信徒供養禮拜。法顯《佛國記》〈弗樓沙國〉

：「佛鉢即在此國，昔月氏王大興兵眾，來伐此國欲取佛鉢，既伏此國已，月氏王篤信佛法，欲持鉢去，故大興供養，供養三寶畢，乃校飾大象置鉢其上，象便伏地不能得前。（中略）王知與鉢緣未至，深自愧歎，即於此處起塔及僧伽藍，並留鎮守種種供養。（中略）可容二斗許，雜色而黑多，四際分明，厚可二分，甚光澤。」

同書〈師子國〉條下説，佛鉢原本在毗舍離，今在犍陀衛，經數百年移至西方月氏國，再經由于闐、屈茨、師子、漢地等國回到中天竺，後至兜率天上，彌勒菩薩見之而深加讚歎，與諸天一同以香華供養七日。其後又重返閻浮提，由海龍王持入龍宮。彌勒菩薩成道之時，鉢分爲四，重返原地頞那山上，彌勒成道已，四天王取之奉佛。其情形如先佛一般，即賢劫千佛共同一鉢。

玄奘西遊之時，此國已無佛鉢。《西域記》卷二〈健馱邏國〉條下云：「王城内東北有一故基，昔佛鉢之寶台也，如來涅槃之後，鉢流此國，經數百年式遵供養，流轉諸國，在波剌斯。」

⊙鉢支

與鉢配合使用的有所謂的「鉢支」。所謂「鉢支」，就是支穩鉢身以防傾斜、或使易於捧持的「墊子、支架」之類。（梵文 pattamalaka），又寫成鉢枝、鉢鈘、鉢搘。《五分律》卷二六中記載：「有諸比丘以鉢盛食，著地而翻，佛言：『准作鈘支，用銅、鐵、牙、角、瓦、石、材、木作，然漆樹除外，（中略）亦准結草著於其下。』

由此可見鉢支是因避免鉢放在地上翻倒而作，鉢支也被列爲「隨物」，即比丘、比丘尼所持的用品之一，又稱作「雜物」。

日本的『大乘比丘十八物圖』列有圖示，由此圖示可知其邊緣寬闊，爲胴部朝底逐漸變細的容器形態，比鉢小。

⊙鐼子

鉢的附助器皿。在《翻譯名義集》中說：「鉢中之小鉢，今呼爲鐼子」。

鐼子也叫做「鍵鎡」，大小有三個，形狀如鉢。平時小鐼裝在中鐼裡、中鐼裝在大鐼裡，大鐼裝在鉢裡。用時取出，分盛不同的飲食。

鐼子的由來，根據《四分律》說：「欲分粥，不知何器分？佛言：『若以鍵鎡、若小鉢、若次鉢、若杓作分』」。《四分律》又說：「乞食比丘，得飯、乾飯麨等，并著一處。佛言：『不應爾雜著一處。若是一鉢，應以物隔；若樹葉皮、若鍵鎡、若次鉢、若小鉢，麵應手巾裹』。」

⊙鉢袋

爲包鉢的袋子，又稱鉢囊。爲三種袋（鉢袋、藥袋、雜袋）之一。《有部毗奈耶雜事》卷四中說：「時有苾芻手擎鉢去，在路跌倒，遂使鉢墮破，因斯事闕。緣以白佛，佛言：『苾芻不應手擎其鉢。』便以衣角裹鉢而去，又廢闕同前。佛言：『應作鉢袋盛去。』苾芻手攜，過招如上。佛言：『不應手持去，應作舉掛轉持行。』」這是說比丘走時以手持鉢，不慎摔破，後來佛陀教其以衣角裹之，還是又摔破。最後佛陀便教其製鉢袋放置。

由於鉢必須隨身攜帶，但用畢後持於手中行走，非常不便，因此而製鉢袋，用於行路時裝鉢，掛於肩上。其材料及大小並沒有特別的規定，被列爲尼師壇的特物（隨物）之一。

放在鉢支上的鉢

三衣

三衣（梵文 triṇl cīvarāṇi）依佛教戒律的規定，比丘所可擁有的三種衣服，謂之三衣。即：僧伽梨（saṃghāti）、鬱多羅僧（uttarāsaṅga）、安陀會（梵 antarvāsa）。此三衣總稱爲支伐羅（cīvara）。由於三衣依規定須以壞色（濁色，即袈裟色）布料製成，故又稱爲袈裟（kasāya）。

依佛制，初期的出家者須過質樸的僧團生活，因此在個人物品方法 僅獲准持有三衣一鉢、座具及漉水囊，其中，尤以三衣一鉢爲出家者最重要的持物。《大堅固婆羅門緣起經》卷下中說：「謂一類人起正信心，修出家法。（中略）但持三衣一鉢，餘無所有。」戒律中並且對其形式、大小、顏色、縫製法、穿法等皆有所規定。

關於比丘常應隨身攜帶三衣一鉢之事，《摩訶僧祇律》卷八中說：「出家離第一樂，而隨所住處，常三衣俱，持鉢乞食，譬如鳥之兩翼，恒與身俱。」

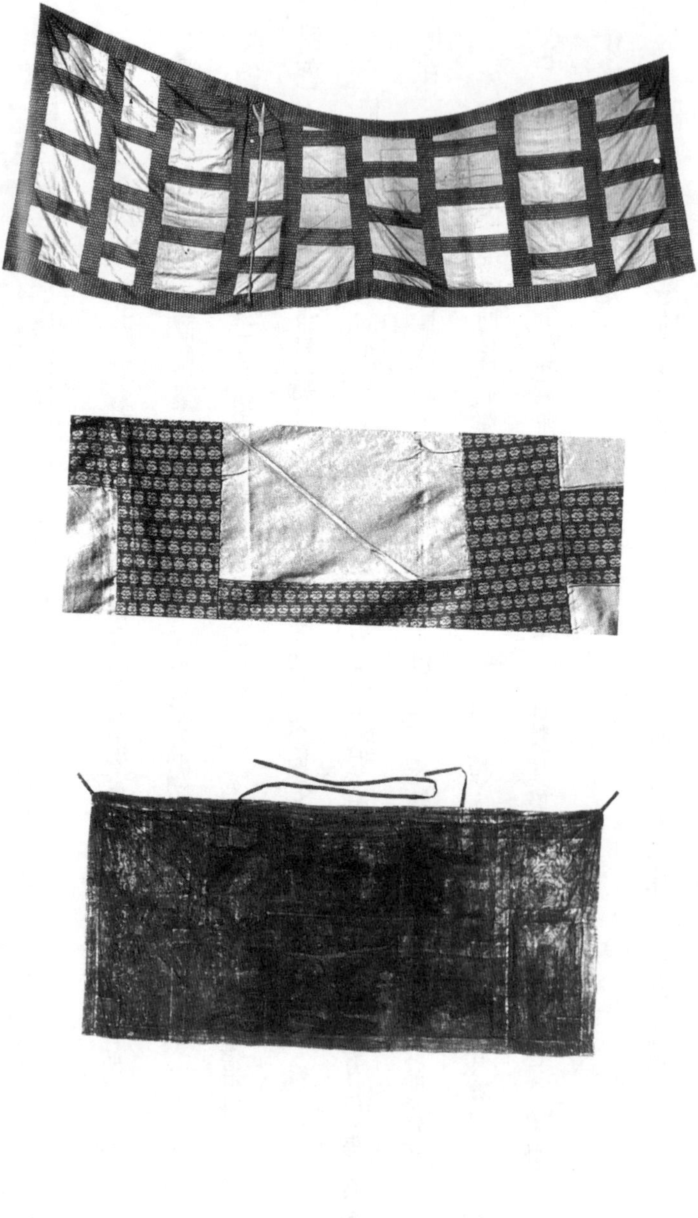

三衣

《四分律行事鈔》卷下之一亦說三衣是賢聖沙門的標幟，鉢爲出家者的用具，非俗人可用，應執持三衣瓦鉢，即是少欲少事。或略稱衣鉢。至後世，比丘臨入滅時，常將此衣鉢傳與門人，作爲傳法的信物。也因此，才有稱呼主要弟子爲「衣鉢傳人」的稱謂。

茲介紹三衣如後：

1.僧伽梨：即大衣、重衣、雜碎衣、入聚落衣、高勝衣，爲上街托鉢或奉召入王宮時所穿之衣，由九至二十五條布片縫製而成，又稱九條衣。據說有一次，釋尊覺得天氣很冷，擔心比丘的衣物不夠保暖，因此有大衣的制定。如人所知，大衣是由九塊布縫成的，因此準於以上二衣，也稱爲九條。

2.鬱多羅僧：是專爲掩蓋上半身而披的，規定可用七塊布縫成，因此準於上述，也稱爲七條，即上衣、中價衣、入眾衣，爲禮拜、聽講、布薩時所穿著之衣，由七條布片縫製而成，故又稱七條衣。

3.安陀會：即內衣、中宿衣、中衣、作務衣、五條衣，爲做日常勞務時或就寢時所穿著。規定用五塊布縫成，掩蓋腰部以下。由於它的作法，下來也稱爲五條，這種用語傳到今日的日本佛教間。

而比丘尼除此三衣外，另加僧祇支（梵 saṃkakṣikā）及厥修羅（kusūla），合稱比丘尼五衣。僧祇支，即覆肩衣，穿在三衣裏面，裏覆左肩與兩腋之衣。厥修羅，即下裙，覆於腰部之衣。

關於三衣的制訂緣由，頗有異說。依《十誦律》所載，瓶沙王請佛制僧衣，以別於外道衣；佛到南山遊化，見良田畦畔齊整，遂命阿難根據田相裁製深摩根衣。依《四分律》所載，佛鑑於比丘眾渡愷河時現雜亂相，遂制三衣之數。《有部毗奈耶》卷三十九則載，六群比丘穿著白色衣，受到居士譏嫌，故佛制比丘須著三種壞色衣。

三衣之色相，以青、黃、赤、白、黑五正色及緋、紅、紫、綠、碧五間色爲非法，應破壞之，染成茜、泥、木蘭三如法色。三衣之重數亦有制限，如係新衣，則大衣二重、餘二衣一重；若屬故衣，則大衣四重、餘二衣二重；若新故兩者併用，則大衣新一重、故二重。

⊙衣囊

衣囊（梵 cīvara-bṛsikā），古代印度僧人收拾僧裝（三衣）的囊袋。又作衣袋、盛衣、打包、三衣袋、袈裟袋。在佛制中，爲教導僧眾遠離自他的執著，令以弊衣作成三衣，並令彼等善加維護，勿使破損。如《十誦律》所載，須護三衣如護自身皮膚，護鉢如護眼目。著大衣時不可從事挑石、剷土、除草、灑掃等工作。三衣不同時，應收入衣囊。

衣囊的製作，《根本薩婆多部律攝》卷五中說：「三衣袋法，長三肘，廣一肘半。長牒兩重縫之爲袋，兩頭縫合，當中開口。長內其衣，搭在肩上，口安鉤帶，勿令蟲入。」《五分律》卷二十一中也說，囊長，前至臍，後至腰，以粗物製。

澡豆

澡豆為比丘隨身十八物之一，又稱豆屑。是指洗滌身體、衣服等污穢所用之豆粉。

在《五分律》卷二十六中說：「有諸比丘浴時，出外以背揩壁樹木，還入水灌傷破其身。佛言：不應爾。聽用蒲桃皮、摩樓皮、澡豆等諸去垢物。」這是說佛陀在世時，有比丘洗澡以水無法完全洗淨身體，便以背與樹皮摩擦去垢而受傷，佛陀便教其用澡豆去垢。《有部毗奈耶雜事》卷十中說：「諸苾芻以湯洗時，皮膚無色，佛言：以膏油摩。彼便多塗膩污衣服。佛言：以澡豆揩之。」

依《十誦律》卷三十八所記載，澡豆是由大豆、小豆、摩沙豆、碗豆、迦提婆羅草、梨頻陀子等磨粉而成。另據同書卷三十九也記載：「佛在舍衛國，有人施比丘尼僧木桶。諸比丘尼不受，不知何所用，是事白佛。佛言：應取用盛澡豆。」可知澡豆當貯放於木桶中。

頭巾（僧帽）

指比丘所用之帽子。又稱頭袖、僧帽、禪巾、菩薩巾。根據《四分律》卷四十記載，佛陀聽許比丘天寒頭部寒冷頭痛時，以毳或劫貝作裹頭。除此之外，禁止比丘裹頭。《大比丘三千威儀》卷上中說：「不得著帽爲佛作禮。」又說，入室禮師之際，應當脫帽等禮節。

相傳我國於南朝蕭齊時代，寶誌始冠布帽，後世遂稱誌公帽，而廣用於禪林。據《景德傳燈錄》卷十七〈山光仁〉條之記載，頭巾的大小約長一尺五寸。又，《釋氏要覽》卷對〈送終篇〉「頭巾」條下記載，頭巾全長五尺三寸，前面長二尺八寸，背後長二尺五寸。

在日本佛教界，自古就使用頭巾，相傳桓武天皇曾贈縹帽給台密的最澄大師，故冠帽之習始自天台，其後廣行於真言、淨土諸宗之間。

手巾

手巾（梵 snātra-śātaka），比丘所常用的十八物之一。又稱拭手巾、淨巾，即拭手及臉的布巾。

《善見律毗婆娑》卷十四中說：「手巾畜二。」《大比丘三千威儀》卷下說明手巾的用處：「當用手巾有五事。一者當拭上下頭；二者當用一頭拭手，以一頭拭面目；三者不得持拭鼻；四者以用拭膩污當即浣之；五者不得拭身體，若澡浴各當自有巾。若著僧伽梨時，持手巾有五事。一者不得使巾頭垂見，二者不得持白巾，三者當敗色令黑，四者不得拭面，五者飯當用覆膝上，飯已當下去。」

在中國，手巾自古即被使用，後禪林備之於僧堂、浴室、後架等供大眾使用。如《敕修百丈清規》卷六中說〈大眾章〉大坐參條中說：「聖僧侍者，牽堂內手巾轆轤，驚酣眠者。」又，卷四〈兩序章〉知浴條中說：「鋪設浴室，掛手巾，出面盆、拖鞋、腳布。」此外，《毗尼母經》卷八提出淨體巾、淨面巾、淨眼巾之別。《四分律行事鈔》卷下之一列舉拭身巾、拭手巾及拭面巾三種。

齒木

齒木（梵文 danta-kaṣṭha），指用來磨齒刮舌以除去口中污物之木片。

爲印度僧團之日常用品，大乘比丘隨身的十八物之一。梵語音譯憚哆家瑟詑、禪多抳瑟插，又作楊支。關於齒木的由來，《五分律》卷二十六中記載：「有諸比丘不嚼楊枝，口臭食不消。有諸比丘與上座共語，惡其口臭，諸比丘以是白佛。佛言，應嚼楊枝。嚼楊枝有五功德，消德、除冷熱涎唾、善能別味、口不臭、眼明。」

由此可見當時佛教的衛生觀念是很先進的，以嚼齒木的方式來保持口腔清潔，去除舌苔、口臭。

在《南海寄歸内法傳》卷一中記載：「每日旦朝，須嚼齒木，揩齒刮舌，務令如法。盥漱清淨，方行敬禮。若其不然，受禮禮他，悉皆得罪。」

嚼齒木時，要注意禮儀，在《南海寄歸内法傳》卷一中說：「一頭緩須熟嚼，良久淨刷牙關。若也逼近尊人，宜將左手掩口，用篦擘破，屈而刮舌。或可別用銅鐵作刮舌之篦，或取竹木薄片如小指面許，一頭纖細以剔斷牙，屈而刮舌，勿令傷損。亦既用罷，即可俱洗，棄之屏處。凡棄齒木，若口中吐水，及以洟唾，皆須彈指經三，或時謦欬過兩，如不爾者，棄便有罪。」

《五分律》卷二十七亦舉出使用楊枝應注意之事：1.比丘應於阿練若處嚼楊枝；2.不可臨井嚼楊枝；3.楊枝用盡，淨洗乃棄；4.楊枝應截去已用處，餘更畜用；5.不以盛革屣囊盛楊枝；6.不應於溫室、講堂、食堂、作食處，和尚、阿闍梨、上座前嚼楊枝；7.不於患病之比丘前嚼楊枝等。

關於齒木的規格，在《五分律》卷二十七中說：「有諸比丘，作楊枝太長。佛言不應有，極長時一搩手。有一比丘，嚼短楊枝，見佛恭敬，便吞咽之。佛威神令得無患。佛言不應爾，極短聽長並五指，亦不應太粗太細。」當時有比丘用齒木太長，不但使用不便，也很危險，而也有比丘因齒木太短，在嚼楊枝時剛好遇到佛陀，因太恭敬，而將齒木吞下去，因此佛陀才制定齒木的尺寸。

在《四分律》卷五十三中：「極短者長四指。」《有部毗奈耶雜事》三中說

：「此有三種，謂長中短。長者十二指，短者八指，二內名中。」

關於齒木之取材，在《五分律》卷第二十六中說：「佛言：有五種木，不應當嚼：漆樹、毒樹、舍夷樹、摩頭樹、菩提樹是。餘者聽嚼。」《玄應音義》卷十五中說：「多角竭陀羅木作之。今此多用楊枝，爲無此木也。」《大日經疏》、《略出經》、《瞿醯經》等，則說當多用優曇鉢羅木、阿修他木，若無此等樹木時，當求如桑等有乳之木；或謂當用竭陀羅木。

在《南海寄歸內法傳》卷一中說：「或可大木破用，或可小條截爲。近山莊者，則樵條葛蔓爲先；處平疇者，乃楮桃槐柳隨意預收，備擬無令闕乏。濕者即須他授，乾者許自執持。少壯者任取嚼之，耆宿者乃椎頭使碎。其木條以苦澀辛辣者爲佳，嚼頭成絮者爲最，麁胡草根極爲精也。（中略）豈容不識齒木名作楊枝。西國柳樹全稀，譯者輒傳斯號，佛齒木樹實非楊柳。」

此外，密教在入灌頂道場時，先於三摩耶戒壇，由阿闍梨授弟子齒木以嚼之。又，據《法顯傳》沙祇太國條，及《西域記》卷五鞞索迦國條所載，佛往昔遊化憍薩羅國時，嚼楊枝後棄其遺枝，乃生根而繁茂至今。

淨瓶

淨瓶（梵名 kalaśa），指以陶或金屬等製造，用以容水的器具，爲比丘十八物之一，盛水供飲用或洗濯，又稱水瓶或澡瓶。

在《敕修百丈清規》〈辦道具〉中說：「淨瓶，梵語捃稚迦，此云瓶。」《釋氏要覽》中說：「淨瓶，梵語軍遲，此云瓶，常貯水隨身，用以淨手。」《寄歸傳》說：「軍持有二：若瓷瓦者是淨用，若銅鐵者是觸用。」《祖庭事苑》云：「淨瓶，《四分律》云：『有比丘遇無水處，水或有蟲，渴殺。佛知制戒，令持觸淨二瓶，以護命故。』」

《千手千眼觀世音菩薩大悲心陀羅尼》以其爲千手觀音四十手持物之一。又，胎藏界曼荼羅諸尊中，中臺八葉院之彌勒菩薩、觀音院之毗俱胝菩薩及不空羂索菩薩、蘇悉地院之十一面觀自在菩薩，及外金剛部之火天等，皆持軍持。

淨瓶的種類，分爲淨、觸兩種，《南海寄歸內法傳》卷一〈水有二瓶〉條云

淨瓶

：「凡水分淨、觸，瓶有二枚。淨者咸用瓦瓷，觸者任兼銅鐵。淨擬非時飲用，觸乃便利所須。淨則淨手方持，必須安著淨處，觸乃觸手隨執，可於觸處置之。」這是將飲用的水與洗手水分為「淨水」與「觸水」二瓶，是很符合衛生概念的做法。此外，水瓶為比丘十八種物之一，為使攜帶方便，或製袋以裝之，名為瓶袋。

當初唐代的靈祐禪師開創河山一脈時，有一個十分傳奇的因緣，淨瓶也成了一個有趣的公案。

當靈祐的師父百丈禪師在江西百丈山開法時，靈祐依止他，受其啟發。有一天，一位司馬頭陀從湖南來，這位頭陀善於觀察風水地理，知曉何處是大法流傳之地，就告訴百丈說：「我最近在湖南找到了一座山，名為大潙山，是一座能聚集一千五百名修行人的善知識所居之處。」

百丈聽了就問司馬頭陀說：「老僧是不是能住持此山呢？」

頭陀說：「這一座山，不是和尚所居之處。」

「為什麼呢？」百丈問道。

頭陀就解說道：「和尚屬於骨人，而這一座是肉山，外相不大相合。如果你去住山，徒眾無法超過千人。」

百丈於是就問道：「那麼我的徒眾之中，是否有人住得呢？」

頭陀說：「我來觀察看看。」

當時，百丈禪師的師弟華林善覺禪師，正在百丈處當首座和尚，百丈就令侍者去請他前來。

當華林善覺入了方丈室後，百丈就問：「這個人如何呢？」

頭陀請他笑了一聲，再行走數步。頭陀看了之後說：「這個人不可。」

百丈又令人去叫靈祐過來，靈祐這時正在當總務的典座。

頭陀看到之後，高興的說：「這個人正是潙山的主人。」

百丈於是在當夜就召喚靈祐入室，囑咐他說：「我的化緣之地在此，而河山的勝境，你應當安止於彼地，以嗣續我的宗法，廣度後學。」

這時，華林禪師聽了之後抗議的說：「再怎麼說我也是忝居爲上首，靈祐一個典座怎麼去做住持呢？」

於是，百丈爲了顯示公平，就決定考試。他說：「如果你們能對著大眾，下得一句出格之語，就給與住持。」

百丈就拈題考試，直指著身旁的淨瓶問說：「不能喚作淨瓶，你們要喚作什麼？」

華林善覺就指著淨瓶說：「不可以喚作木楔了。」當然淨瓶不是木楔了。

接著，百丈就要靈祐回答，誰知靈祐腳一腳踢倒淨瓶，便跑出去了。

百丈於是贊賞的說：「第一座輸卻山子（靈祐）了」於是靈祐就前往住持潙山，而開啟了潙仰宗的因緣。

漉水囊

漉水囊（梵 parisrāvaṇa），指用來濾水去蟲的器具，爲比丘六物之一或十八物之一。音譯鉢里薩毒伐拏、鉢里薩哩伐拏，又稱漉水袋、漉水器、濾水囊、漉囊、濾袋、水濾、水羅。

依《四分律》卷五十二云：「不應用雜蟲水，聽作漉水囊。」《摩訶僧祇律》卷十八云：「比丘受具足已，要當畜漉水囊，應法澡盥。比丘行時應持漉水囊。」可知比丘受具足戒後，應常攜此物，以避免誤殺水中的蟲類，也合乎衛生原則。

關於漉水囊的種類，《四分律》列舉勺形、撗郭、漉瓶三種，《薩婆多部律攝》卷十一、《百一羯磨》卷八列舉方羅、法瓶、君持迦（澡瓶）、酌水羅、衣角五種。

在義淨的《南海寄歸内法傳》卷一中記載：「西方（印度）用上等白布濾水

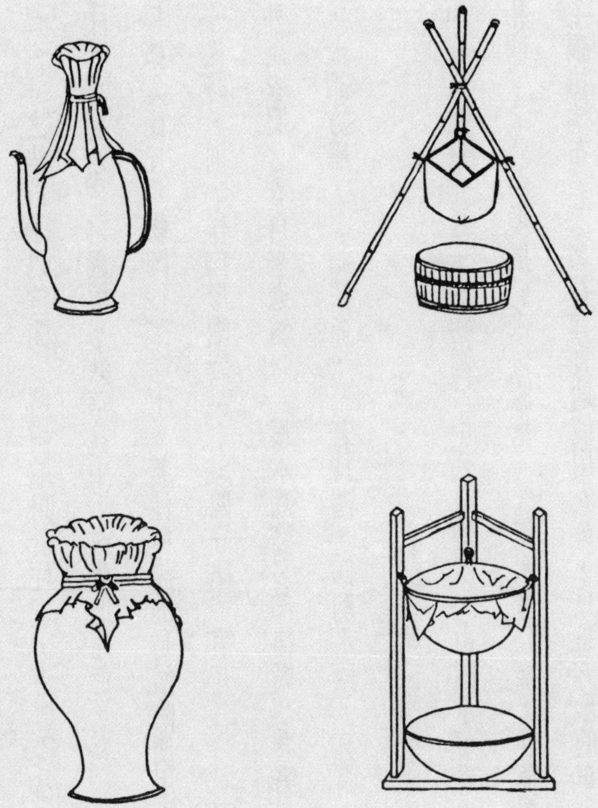

漉水囊

；東夏（中國）則以附糊之上絹布。因生絹無法阻擋小蟲，故將柔軟絹布以笏尺（中國尺）量四尺，持其兩端，疊爲二層，縫成網狀。兩角附帶，兩側附輪，以寬一尺六寸之棒以予以撐開。將兩端掛於柱下，下置受盆。注水時，將罐底置於水器中，以免水中之蟲與水共落盆中，或落地死亡。

根據《比丘六物圖抄》卷下，義淨所說的是僧院使用水濾的場合；如果衹有單獨一人時，則「作杓形灑袋」（《四分律》第五二）。同時，未攜帶水濾時，可用外出衣服之衣角來過濾。《根本薩婆多部律攝》卷第一一中說：「其濾物有五種，一謂方羅，二謂法瓶，三若持迦，四酌水羅，五謂衣角。」舉出濾水器有五種。

而在《大乘比丘十八物圖》中列有圖示，由圖示可看出：1.與義淨所說方法大致相同。2.將布張掛於壺口濾水。3.與水壺一樣，在瓶口張布過濾。4.在圓形的輪上張掛絹布。5.名符其實地使用衣角，只是方形的布。

尼師壇（坐具）

尼師壇（梵 niṣidana），比丘六物之一。即坐臥時敷在地上、床上或臥具上的長形布。乃坐具之梵語音譯，又作尼師但那、巴師但娜、頸史娜曩。意譯又作敷具、坐衣、隨坐衣、襯臥衣，略稱具。

《五分律》卷九中記載，尼師壇是護身、護衣、護僧之床褥，故制之。《十誦律》卷十八中說，未敷尼師壇不得坐臥於大眾之臥具上。

其顏色與三衣相同，可用青、黑、木蘭三色。若以新布裁製，可作二層或三層。取舊布縫製者，可作四層。新作尼師壇時，須取舊者之堅好處縫貼在中央或四邊。另依《根本薩婆多部律攝》卷六載，尼師但那之顏色，或青，或泥，或赤。

其大小亦因個人身體不同而有異，律典中以長為佛陀二搩手、廣一搩手半為本制。依《摩訶僧祇律》卷二十四中記載，佛陀一傑手等於二尺四寸。如果比丘之軀體大於常人，其所持用之尼師壇亦可增廣。

中古以來，南海諸僧以尼師壇爲禮拜之用具，中國、日本皆承此風，道宣、義淨諸師曾加以批評。如《南海寄歸内法傳》卷三記載：「禮拜敷其坐具，五天所不見行。致敬起爲三禮，四部罔窺其事。凡爲禮者拜敷法式，如別章所陳。其坐具法，割截爲之，必須複作，制令安葉。度量不暇詳悉。其所須者，但擬眠臥之時護他氈席。若用他物，新故並須安替。如其己物，故則不須。勿令污染虧損信施。非爲禮拜。南海諸僧，人持一布，長三五尺，疊若食巾，禮拜用替膝頭，行時搭在肩上。西國苾芻來見，咸皆莞爾而笑也。」

然而，此制至今仍被沿用，而於禮佛或禮拜師長時敷用尼師壇。且有一定規制。

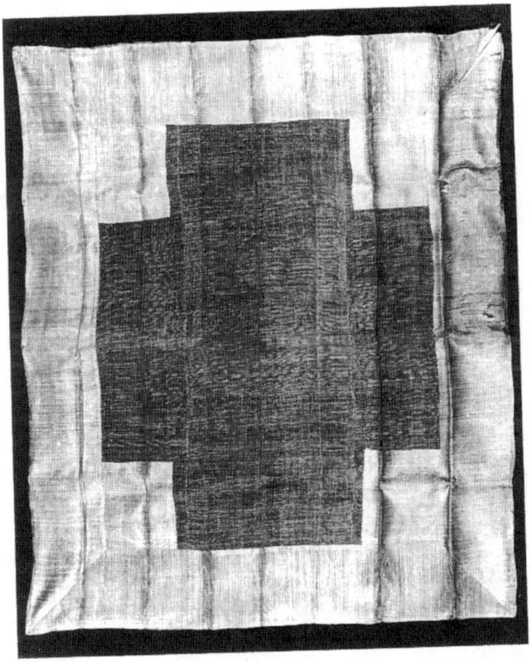

尼師壇

念珠

念珠是指以線貫串一定數量的珠子，用以計算稱名稱持咒數的法具。又稱數珠、咒珠或誦珠。

在《牟梨曼陀羅尼經》中說：「梵語鉢塞莫，梁云數珠。』是引接普遍根機，牽課修業之具也。」在《本槵子經》中說：「昔有國王名波流梨，白佛言：『我國邊小，頻年寇疫，穀貴民困，我常不安。法藏深廣，不得遍行，惟願垂示法要。』佛言：『大王若欲滅煩惱，當貫木槵子一百八個，當自隨身，志心稱南無佛陀、南無達磨、南無僧伽名，乃過一子。如是漸次，乃至千萬，能滿二十萬遍，身心不亂，除諂曲，捨命得生炎摩天，若滿百萬遍，當除百八結業，獲常樂果。』王言：『我當奉行。』」此即念珠的由來。

關於念珠的功德，在《木槵子經》中說：「若欲滅煩惱障、報障者，當貫木槵子一百八，以常自隨；若行、若坐、若臥，恆當至心無分散意，稱佛陀、達磨

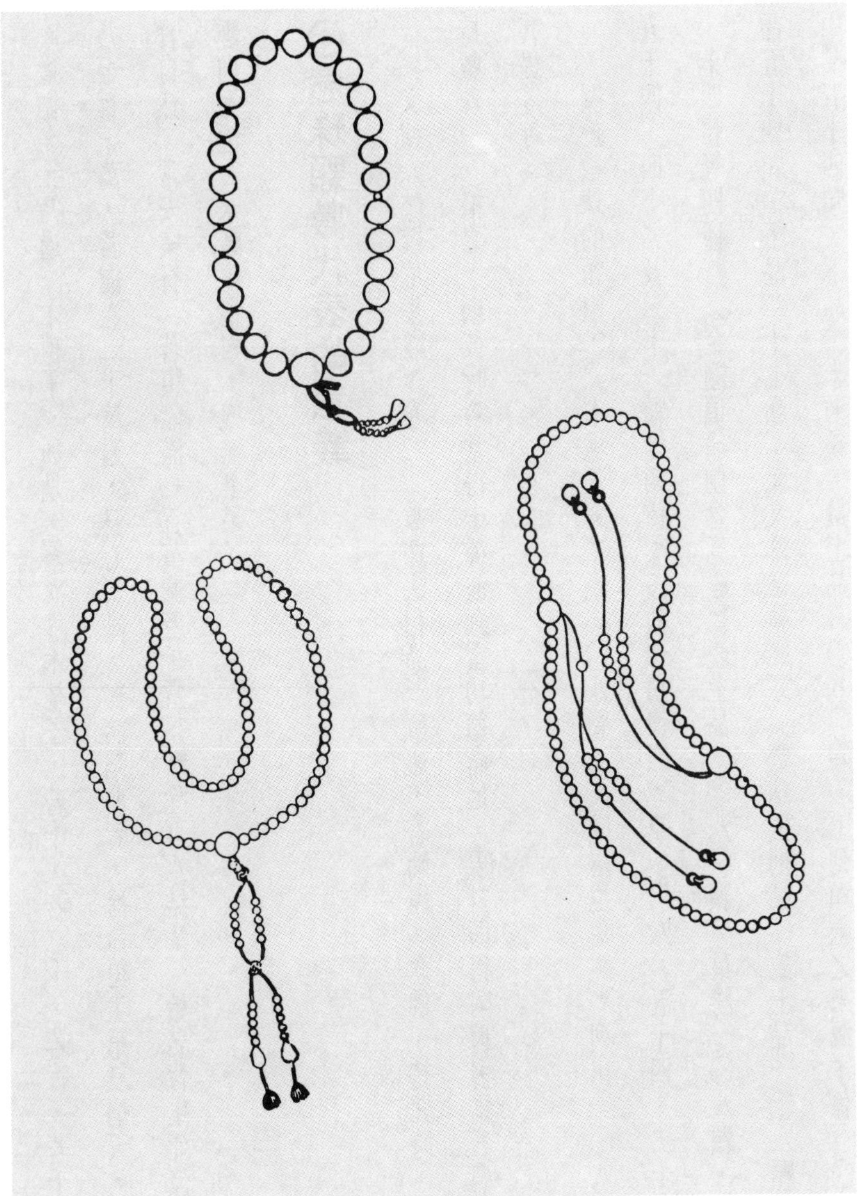

念珠

、僧伽名，乃過一木槵子。如是，漸次度木槵子，若十，若二十，若百，若千，乃至百千萬，若能滿二十萬遍，身心不亂，無諸諂曲者，捨命得生第三焰天，衣食自然，常安樂行。若復能滿一百萬遍者，當得斷除百八結業。始名背生死流，趣向泥洹，永斷煩惱根，獲無上果。」

⦿念珠顆數代表的意義

又據《陀羅尼集經》卷二〈數珠法相品〉所述，若誦經、念佛、持咒時，手持數珠一一掐之，則彼行者當得十種波羅蜜功德滿足，現身即得阿耨多羅三藐三菩提等等。

關於數珠的顆數，《木槵子經》說一〇八顆；《陀羅尼集經》列出一〇八、五十四、四十二及二十一顆等四種；《數珠功德經》說一〇八、五十四、二十七、十四顆等四種；《金剛頂瑜伽念誦經》說上品一〇八〇顆，最勝一〇八顆，中品五十四顆，下品二十七顆；《文殊儀軌經》〈數珠儀則品〉說上品一〇八顆，中品五十四顆，下品二十七顆，最上品一〇八〇顆。上列顆數之來源，係一〇八減半爲五十四，五十四減半爲二十七，二十七減半爲十四，又一〇八之十倍爲一〇八〇。

由上所述，可知數珠的顆數，應以一〇八顆爲其基本數。不過《陀羅尼集經》所說的四十二及其減半的二十一，當另有別說。後世認爲此等顆數，皆各有象徵意義，一〇八顆表示證入百八三昧，斷除百八煩惱。

在《釋氏要覽》中說：「小乘見修合論，煩惱共有一百八數。且明見惑、三界、四諦下煩惱共有八十八。謂苦下具一切，即十使：貪、瞋、癡、慢、疑、身、邊見、邪見、見取、戒禁取也。集滅離三見，謂集滅二諦下，各除身、邊、邪三見也。道除於二見，謂道諦除身、邊二見也。上界不行恚，謂上界四諦下各除瞋一，已上三界四諦，共有八十八也。修道所斷惑，欲界有四，謂貪、瞋、癡、慢，上二界各除瞋，共有六，已上成十，計九十八也。更口十纏，謂無慚、無愧、昏沈、惡作、惱、嫉、掉舉、睡眠、忿、覆，合前都有一百八也。」

一〇八顆表示百八三昧各具百八三昧，或金剛界一〇八尊中各具一〇八尊；五十四顆表示十信、十住、十行、十迴向、十地及四善根因地等五十四位；四十二顆表示十住、十行、十迴向、十地、等覺、妙覺等四十二位；二十七顆表示十八學人與九無學；二十一顆表示十地、十波羅蜜及佛果；十四顆表示觀音之十四無畏。

⊙念珠的材質

關於數珠的資料，《陀羅尼集經》舉出金、銀、赤銅、水精（水晶）及木槵子、菩提子、蓮華子等類；《守護國界主陀羅尼經》卷九列出菩提子、金剛子、金、真珠、蓮華子等類；《諸佛境界攝真實經》卷下〈持念品〉列香木、鍮石、銅、鐵、水精、真珠、蓮花子、金剛子、間錯種種諸寶、菩提子等十種；《曼殊室利咒藏中校量數珠功德經》列出鐵、赤銅、真珠、珊瑚、槵子、蓮子、因陀囉佉叉、烏嚧陀囉佉叉、水精、菩提子等十種；《金剛頂瑜伽念珠經》列舉硨磲、木槵、鐵、熟銅、水精、真珠、諸寶、帝釋子、金剛子、蓮華、菩提子等十一種；《蘇悉地羯囉經》卷中〈供養次第法品〉列舉菩提子、蓮花子、嚕梛囉叉子、木槵、多羅樹子、土、螺旋、水精、真珠、牙、赤珠、諸摩尼、薏苡珠及其餘的

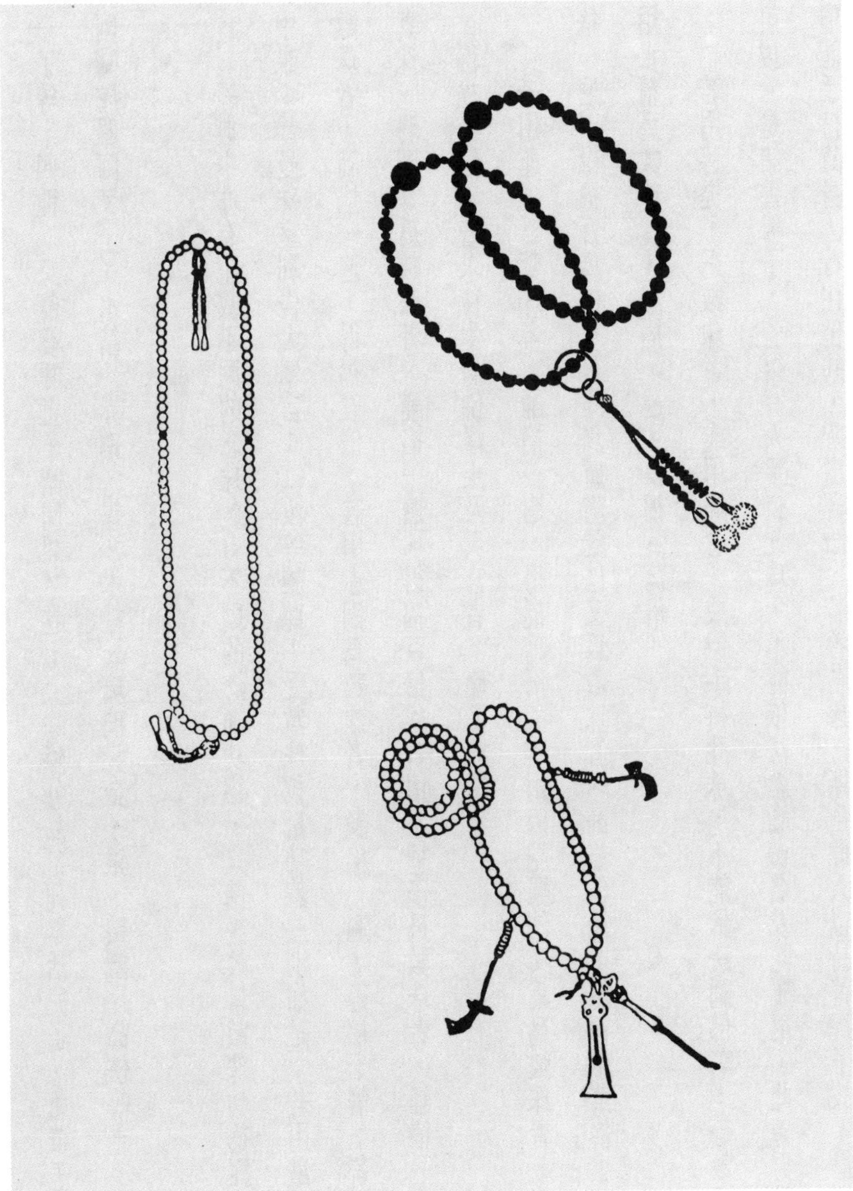

念珠

草子等十四種；《蘇婆呼童子請問經》卷上〈除障分品〉列舉活兒子、蓮華子、阿嚧陀羅阿叉子、水精、赤銅、錫、木槵、琉璃、金、銀、鑌鐵、高佉等十二種。

經典中亦有記載不同的念珠，有不同的念誦功德，《佛說校量數珠功德經》中說：「曼殊室利告大眾言：『汝等諦聽！受數珠校量功德差別如是：若用鐵為數珠者，誦掐一遍，得福五倍；若用赤銅為數珠者，誦掐一遍，得福十倍；若用真珠、珊瑚等為數珠者，誦掐一遍，得福百倍；若用木槵子為數珠者，誦掐一遍，得福千倍。若求往生諸佛淨土及天宮者，應受此珠。

若用蓮子為數珠者，誦掐一遍，得福萬倍；若用因陀羅佉叉為數珠者，誦掐一遍，得福百萬倍；若開烏盧陁羅佉叉為數珠者，誦掐一遍，得福千萬倍；若用水精為數珠者，誦掐一遍，得福萬萬倍。

若用菩提子為數珠者，或用掐念，或但手持此珠，不能依法誦佛名，等數難可拔。是諸善男子，若復有人手持此珠，不能依法念誦佛名及陀羅尼，此善男子但能手持隨身，行住坐共，所出言語，若善若惡，斯由此人以持菩提子故，得福等同如念諸佛誦咒無異，得福無量。」

《陀羅尼集經》以水精爲第一；《攝真實經》卷下〈建立道場發願品〉說香木得一皆福，鍮石、銅、鐵得二分，水精、真珠得一俱胝分，蓮華子、金剛子得二俱胝分，間錯種種諸寶及菩提子最勝，可得無量無驟不可說不可說分之福德。《守護經》說菩提子及種種和合之珠最勝；《數珠功德經》、《瑜伽念珠經》等亦以菩提子爲最勝。

在密教行法之中，依三部五部之差別，所用數珠亦有不同。《蘇悉地羯囉經》說佛部用菩提子觀音部用蓮花子，金剛部用嚕梛羅叉子之數珠；《守護經》及《瑜伽念珠經》說佛部用菩提子、金剛部用金剛子，寶部用金等諸寶，蓮華部用蓮華子，羯磨部用種種和合之數珠。

我國有關使用數珠的記事，首見於《續高僧傳》卷二十〈道綽傳〉：「人各掐珠，口同佛號。」道綽之專弘淨土，始於隋末，於唐代貞觀年間又以數珠教人念佛，可見數珠是在唐初才被當作稱名記數之法具。其後，以《陀羅尼集經》爲始，密部儀軌被大量傳譯出來，數珠亦爲密教僧人所廣泛使用。

在使用念珠時，通常一串念珠會有一顆母珠，方便計數。在《陀羅尼集經》中說：「作是相珠一百八顆，造成珠已，又作一金珠，以爲母珠，又更別作十顆銀珠，以充記子。」

除了母珠之外，顆數多的念珠，除母珠外，也會多加數珠記子。如《禪林象器箋》中後：「百八顆外，有十顆小顆爲記子。」

第六章 禪門的法器

錫杖

錫杖（梵 khakkara），爲比丘行路時所應攜帶的道具，屬比丘十八物之一。梵名音譯作喫棄羅、喫吉羅、隙棄羅；又稱有聲杖、聲杖、禪杖、鳴杖、智杖、德杖、金錫、杖。

關於錫杖的由來，在《毗奈耶雜事》中說是爲了比丘托鉢時，不驚嚇到施主家所爲：「苾芻乞食入人家，作聲警覺，拳打門扇，家人怪問。佛言：『應作錫杖。』苾芻不解，佛言：『杖頭安鐶，圓如盞口，安小環子。』搖動作聲而爲警覺。……至不信家，久搖錫時，遂生疲倦，而彼家人竟無出問。佛言：『不應多時搖動，可二三度搖，無人問時，即須行去。』」

其形狀分三部分，上部即杖頭，由錫、鐵等金屬製成，呈塔婆形，附有大環，大環下亦繫數個小環。搖動時，會發出錫錫聲。中部爲木製；下部或爲錞、鐏、鐵等金屬所造，或爲牙、角造。《南海寄歸內法傳》卷四中說：「西方所持錫杖，頭上唯有一股鐵捲，可容三、二寸。安其錞管，長四、五指。其竿用木，麁細隨時。高與肩齊，下安鐵纂，可二寸許。其鐶或圓或偏，屈合中間可容大指，或六或八，穿安股上，銅、鐵任情。」

據《大唐西域記》卷二〈洛陽伽藍記〉卷五所載，北印度那揭羅曷國存有佛陀所持的錫杖，其長丈餘，以白鐵作鐶，旃檀爲笴，盛於寶筒中。我國唐代有通身皆鐵質，杖頭安四股者，然義淨以其爲並非本制。日本現今則有二股六鐶、四股十二鐶等類，且大鐶中心飾有寶珠、五輪塔、佛像等。

錫杖

⊙錫杖的意義

除了生活中所需，錫杖也有更深刻的意義。在《佛說得道梯隥錫杖經》中說：「佛告比丘：『汝等應受持錫杖。所以者何？過去、未來、現在諸佛皆執故。又名智杖，彰顯聖智故。亦名德杖，行功德本故。聖人之表幟，賢士之明記，道法之正幢。』迦葉白佛：『何名錫杖？』佛言：『錫者輕也，倚依是杖，除煩惱，出三界故。錫，明也，得智明故。錫，醒也，醒悟苦空、三界結使故。錫，疏也，謂持者與五欲疏斷故。』」

而依錫杖的不同形狀，也象徵不同的意義。同經中說：錫杖有三錞，代表憶念三塗苦惱，則修戒、定、慧；念老、病、死三災，則除貪、瞋、癡三毒等等。而四股者，則是斷除四生（胎生、卵生、濕生、化生）之輪迴，或表苦、集、滅道四諦。

十二環者，表十二因緣，通達無礙，三重四股，以念如來七覺意法，通錞鑽八，用念八正道，二股是迦葉如來所制立也，令諸眾生記念二諦：世諦、第一義諦，以立其義。

⊙錫杖的功用

關於錫杖的功用可分三種：

1.用於驅遣蛇、毒蟲等物：如《四分律》卷五十二中說：「諸比丘道行見蛇、蠍、蜈蚣、百足，未離欲比丘見皆怖，白佛。佛言：『聽捉錫杖搖。』」《十誦律》卷五十六中說：「佛在寒園林中住，多諸腹行毒蟲嚙諸比丘，佛言，應作有聲杖驅遣毒蟲。」這是說佛陀在世時，有比丘行於路上時，見到蛇、蠍、毒蟲等物，心中怕怖，甚至有比丘被咬傷，於是佛陀說，應做有聲的錫杖來遣散毒蟲。

2.比丘於街上行乞托鉢時，用來警覺施主或預防牛犬：如《有部毗奈耶雜事》中說：苾芻到他人之舍乞食，不可打門，應搖動錫杖作聲，以爲警覺。又，《南海寄歸内法傳》卷四〈亡財僧現〉條中說：「言錫杖者，（中略）元斯制意，爲乞食時，防其牛犬。」

在日本，天台、真言等宗於法會時皆振短柄錫杖，唱梵唄，其認爲振錫杖所發之音具有特殊咒力。而所唱梵唄亦稱錫杖，爲四法要之一，有九條、三條之分。九條有讚頌九節，又稱長錫杖；三條則是誦讚頌九條中之最初二條及最後一條，亦單稱錫杖。又，法會時，唱錫杖之頭句，振錫杖之職眾稱爲錫杖眾。

在密教，《大日經疏》卷六所載阿闍梨所傳漫荼羅圖位中，在釋迦院列有如來錫杖菩薩，此係錫杖之擬人化。又，千手觀音四十手中，有一手持錫杖，稱爲錫杖手。另外，八臂不空羂索菩薩、地藏菩薩等亦持此杖。

⊙錫杖的故事

錫杖是比丘隨身攜帶的器具之一，也留下許多故事。

在《唐高僧傳．僧稠傳》中記載說：「僧稠前往詣見懷州西王屋山修法的途中，聽聞兩虎交鬥，咆哮聲響震動山巖，僧稠即以錫杖途中調解，於是兩隻老虎便各散而去。」

在《傳燈錄》中也記載鄧隱峰禪師的故事。鄧隱峰禪師冬季居住於衡嶽，夏日居止於清涼山。在唐元和年間，禪師登五臺山，出淮西時，恰巧遇到吳元濟阻兵違拒王命，官軍與賊人交鋒，打得不可開交，未決勝負。禪師心想：「我當去解除其患。」於是禪師就擲錫於空中，飛身於兩軍上空，兩方將士看到禪師飛於空中，無不驚訝得張大了口，一時忘了打仗，各自散去。

在禪門的戒律中，除了瘋行者之外，一般的禪行者是不准顯現神通的，以免惑亂眾人。

鄧隱峰禪師示現神通之後，即入五臺山，於金剛窟前示現入滅。

拄杖

和錫杖類似的器具，還有拄杖。拄杖係用稍粗樹枝削成，拄杖的由來，是因爲有老比丘登山跌倒，佛陀即允許比丘畜拄杖。

根據《毗奈耶雜事》中說：「佛在鷲峰山，有老苾芻登山上下，腳跌倒地。佛言：『應畜拄杖。』聞佛許已，六眾即便以金銀雜綵等物雕飾其杖，俗旅嫌賤。苾芻白佛，佛言：『苾芻有二種緣應畜拄杖：一爲老瘦無力，二爲病苦嬰身。』」這是說佛陀允許用拄杖後，許多不明白佛陀用意的弟子，就以金銀等物巧妙裝飾拄杖，遭致世俗譏嫌，而稟白佛陀，於是佛陀又規定，只有年老和生病的比丘才能使用拄杖。

《祖庭事苑》中說：「正如今禪家游山拄杖，或乘危涉險，爲扶力故，以杖尾細怯，遂存小枝許，串常汞者是也。」

若在「拄杖」下端的二尺處，留一小枝，纏繞杖身，方便於涉水時，探測深淺。這種用杖，就叫做「探水」。

拄杖是禪師常用的隨身之物，許多禪師因爲方便，隨手拈來，開悟了不少禪眾。

禪門中最初使用拄杖打弟子的是六祖慧能。在《高僧傳》卷四中記載：西京荷澤神會禪師者，襄陽人也，姓高氏。年十四爲沙彌，謁六祖。祖曰：「初識遠來大艱辛，將本來否?若有本，則合識主。試說看！」師曰：「以無住爲本，見即是主。」祖曰：「這沙彌爭合取次語?」便以杖打。

禪宗的棒喝即是以德山棒、臨濟喝合稱。其中德山禪師便是以使用拄杖聞名，故號稱德山棒。

在《高僧傳》中記載：德山禪師尋常遇僧參，多以拄杖打，臨濟聞之，遣侍者來參，教合：「德山若打汝，但接取拄杖，當胸一拄。」侍者到，方禮拜，師乃打，侍者接得拄杖與一拄，師歸方丈。侍者迴舉似臨濟，濟云：「從來疑遮個漢。」

可見拄杖在禪門中也常被做爲禪師悟入學人的工具。

戒刀

戒刀（梵śastraka），比丘所持的十八物之一，用於裁衣、剃髮、剪爪等的刀子。

《僧史略》中說：「及持澡罐、漉囊、錫杖、戒刀、斧子、針筒，此皆爲道具也。」

由於係戒律所聽許，故稱戒刀。據《根本說一切有部毗奈耶雜事》卷三所載，佛在室羅伐城時，有比丘欲裁三衣，便以手撕裂，損壞衣財。佛乃聽許用刀子。但因六眾以雜寶裝飾，佛陀便規定用鈍鐵作刀，且分大、中、小三種規格。大的長六指，小的長四指，中的介於二者之間。形狀則有彎曲如鳥羽、及似雞翎而不尖直二種。

《祖庭事苑》中說：「戒刀，《根本雜事》云：『佛在室羅伐城，苾芻欲裁三衣，便以手裂，衣財損壞。佛言：可刀子裁。六眾便以雜寶飾之，加以太長。

佛制，不聽，此是大刀，不是刀子，汝等應知有三種刀子，謂大、中、小。大者可長六指，小者四指，二內名中。其狀有二：一如鳥羽曲，二似雞翎，不應尖直。』」

又，《十誦律》卷三十九中，有佛聽許用剃刀及截爪刀的記載。同書卷五十六中說：「佛聽眾僧畜剃刀，一人亦畜，爲剃鬚髮故，是名剃刀法。剃刀鞘法者，佛聽諸比丘畜剃刀鞘，爲掌護莫令失，更求覓妨行道故。」此外，戒刀有以下六種用途，在《行事鈔．鉢器制聽篇》中說：「《毗尼母》：『聽畜刀子六種，一用割皮、剪甲、破瘡、裁衣、割衣上毛縷，六用淨果，乃至食時種種須故。』」

在《大宋僧史略》卷上說，所謂戒刀等，皆是道具，表斷一切諸惡。可見戒刀除了實用價值之外，也有精神上的意義。

戒刀是日常生活用品，絕不是如《水滸傳》中所說拿來打殺用的。禪門公案中，關於戒刀的故事，最著名的應該是二祖慧可禪師受到達摩初祖的教誨激勵，而潛取利刃自斷手臂，受法悟道的故事。

另一則刀的故事，是俱胝禪師的因緣。俱胝禪師因受天龍禪師豎一指而悟道；從此之後，凡有人參學，他就豎起一指來教導。因而人稱「天龍一指禪」。

當時俱胝禪師座下有一個童子，有人問他說：「俱胝禪師有什麼法要？」童子就學禪師一樣豎起指頭。

於是有人就告訴俱胝禪師這個事。

有一天，俱胝禪師就將戒刀藏在袖中，問童子：「聽說你會佛法，是麼？」

童子答：「是。」

於是俱胝問：「如何是佛？」

童子又豎起一指，沒想到禪師就一刀斬斷了童子的指頭，童子痛得大叫而出。

這時，俱胝又喚童子，童子回頭時，禪師迅即問道：「如何是佛？」

童子習慣的要舉起指頭時，卻發現手指不見了，於是豁然大悟了。

拂子

拂子（梵 vyajana）用以拂除蚊蟲的用具。即在柄上紮束獸毛、棉、麻等而成者，功用與麈尾同，而形狀各異。又單稱拂，或稱作拂塵。在印度，一般皆用此物拂蚊。

關於僧團中使用拂子的由來，在《毗奈耶雜事》中說：「佛在廣嚴城獼猴池側高閣堂中，時諸苾芻為蚊蟲所食，身體患痒，抓搔不息。俗人見已，問言：『聖者！何故如是？』以事具答，彼言：『聖者！何故不持拂蚊子物？』答言：『世尊不許。』以緣白佛，佛言：『我今聽諸苾芻畜拂蚊子物。』」這是說由於比丘坐禪時，被蚊蟲叮咬，搔癢不止，因此世尊才准允比丘持拂子驅蚊蟲。

佛陀允許之後，眾中有人便以眾寶作柄，以珍貴的犛牛尾為其拂。俗家的人看見了，就譏誚的說：「聖者！您雖剃髮，而貪染卻未除。」而去稟告佛陀。因此佛陀才制定做拂子的材質：「有五種祛蚊子物：一者撚羊毛作；二用麻作；三細裂氈布；四用故破物；五用樹枝梢。若用寶物，得惡作罪。」

這是說拂子的材料限於五種，即羊毛、麻、細裂氈布、已破舊之物、樹枝樹梢，而不許用珍貴的犛牛尾及其他寶物。這是因爲當時白犛牛尾所製之拂子，係最貴重者，與白馬尾拂同稱爲白拂。當時佛陀昇忉利天爲母說法歸來時，梵天即執白拂侍於佛側。

自唐代以降，禪門盛持拂子，或以之爲莊嚴具；住持或代理住持者上堂時，持之爲大眾說法，此稱「秉拂」。又執行秉拂之職務的前堂首座等五頭首，稱秉拂五頭首；秉拂子之侍者，稱秉拂侍者。或有得道者，其師則授予拂子。日本鎌倉時代以來，禪林亦用此拂子，後來除了真言宗之外，其他諸宗於法會、灌頂、葬儀時，皆視之爲一種莊嚴具，爲導師所使用。

此外，密教於灌頂時，通常以拂子輕拂受灌頂者之身，作爲去煩惱、除惡障的表徵，故拂子亦是密教法具之一。

而拂子是禪宗祖師最常使用的教學道具之一，因此而參悟的因緣極多。有這麼一則公案：

師（香嚴智閑）問僧：「什麼處來？」

僧曰：「溈山來！」

師曰：「和尚近日有何言句？」

僧曰：「人問如何是西來意，和尚豎起拂子。」

師聞舉，乃曰：「彼中兄弟怎麼會和尚意旨？」

僧曰：「彼中商量道：即色明心、附物顯理。」

師曰：「會即便會，不會著什麼死急？」

僧卻問：「師意如何？」

師還舉拂子。

這一則公案中，溈山的弟子討論溈山豎起拂子是即色明心、附物顯理的意思。香嚴批評溈山的弟子們「會即便會，不會著什麼死急？」意思是說：悟入的人則當下悟入，不了悟的人乾著急有什麼用？於是這個僧人乃再度請教香嚴之意，香嚴仍是舉起拂子。這個動作穿透一切語言，直示如實佛性。

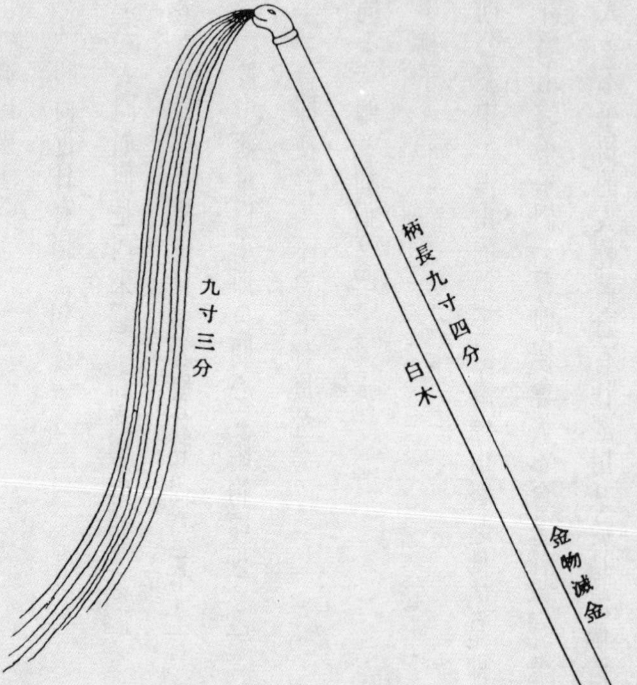

拂子

如意

如意是說法、講讚、法會時，講師手持以示威儀的用具。原來爲出家人的日常用品。

在《四分律》卷一九中說：可用鐵、銅等金屬，或竹、木等植物製造者，包括日常用品中的「如意」；而《優婆塞戒經》卷五在解說施物的部分時，則說有「如意、擿抓、耳鉤」，並與指爪刀和耳挖共同列舉出來。

根據《釋氏要覽》卷中，於「如意」項目的記載：「梵語稱作阿那律，秦云如意。指歸云係古之山杖，以骨、角、竹、木，刻成人之手指甲作成，柄長三尺許。脊癢或手無法致之處，用以搔抓，因能如人意，故曰如意。皆云：如意制心之表也，故菩薩皆執之。狀如雲樣，又如此方篆書之心字，故名又云：今之講僧執之者尚多，私記節文祝辭於柄上，以備忽忘，要時手執目對，可如人意，故名。」

由此可知如意有三種用途：一是能隨心所欲地搔抓手抓不到的部分，故稱如意；二是因其山部如篆字的「心」字；表制心，故菩薩皆執之。三是將祝辭寫在上面，遺忘時可隨時察看，使用起來隨心所欲，故得此名。

《顯密威儀便覽》卷下於「如意」項目中也說：「又有聖寶如意，背刻五師子；面雕三鈷杵，表並學顯密。歷世傳授，東大寺東南院有此物，興福寺之維摩講師亦必執此如意，應演唱。」由此可知，如意從日常生活中的用具，演變成威儀用具。

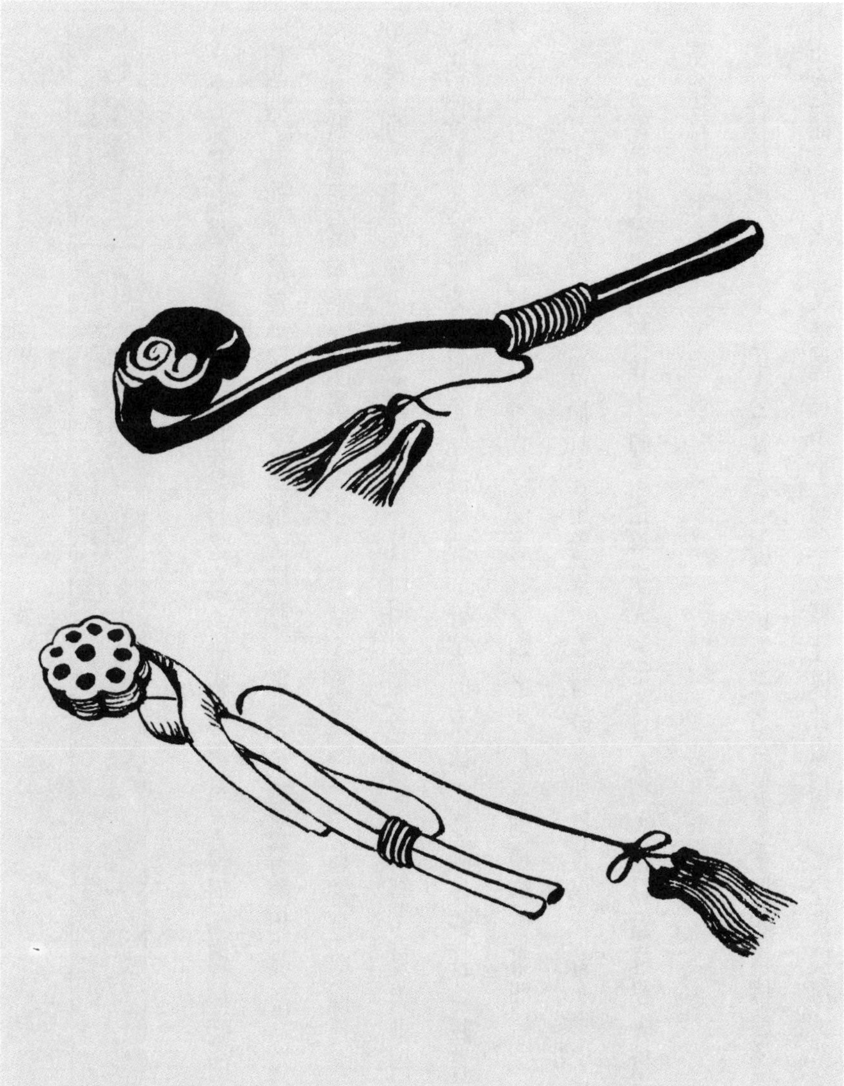

如意

香板、竹篦等警策法具

警策是指警察策勵，精進修行之意。香板應與日本傳回中國禪宗的「警策棒」相同，乃糾正僧眾於坐禪之怠惰、瞌睡、姿勢不正之警醒用具。

其狀為長扁平形之木板，大小、形狀、重量不一，通常長約四尺二寸，上幅稍寬，約二寸左右，柄部圓形。冬日所用之棒多為硬木所製，夏天則用軟木製成，此係針對冬夏所著衣服之厚薄而別。警策的方法，禪師先輕打瞌睡者之右肩，以示預告，後再重打予以警覺。受者合掌謝之，打者則橫持警策問訊。又晨朝誦經、問答或擯斥掛單之僧侶時亦用警策，有時師家或以竹篦代替。

竹篦是中國早期禪林中師家指導學人，手持之物，作為點醒學人悟道之工具，又作竹篦子。

其長約四十五至五十公分，乃剖竹作無弦之弓形，手握處再捲藤塗漆。一般引申為開掌打人。又於禪林中，師家或禪徒以針鋒相對，往來挨拶，參究禪機之際，師家或首座持竹篦以參禪問答，稱爲竹篦商量。

不管香板、警策棒或竹篦都是禪師教導學人最方便的教具，像戒顯禪師的〈禪門鍛鍊說〉中開示：

「鍛鍊之器，在善用竹篦子。竹篦長須五尺，闊止一寸，稍稍模稜，去其銳角，即便捷而易用。若夫拄杖子，設法接機則可，鍛鍊決不可用，即用亦不靈也。至於銅鐵如意，以降禪眾而已，稍近則頭迸腦裂，非鍛鍊之物也。用竹篦者，其功便於逼拶，而其妙在乎敲擊，禪眾坐時，則執之以巡者，行時即握之爲利器。」其中也說明做爲鍛鍊學人用具的考量，太輕無作用，銅鐵器、玉器等則恐傷到學人，竹篦子便捷，用來順手，又不會打傷學人，是很合適的法具。

⊙竹篦

在《天聖廣燈錄》卷十五汝州葉縣廣教院賜紫歸省禪師中說：「後遊南方，

參見汝州省念禪師。師見來，豎起竹篦子云：『不得喚作竹篦子，喚作竹篦子即觸，不喚作竹篦子即背，喚作什麼？』

師近前掣得擲向階下云：『在什麼處？』念云：『瞎。』師言下大悟。」

後來，這個公案，在宋代亦爲大慧宗杲所常用，後世稱之爲「竹篦子話」。在《大慧杲禪師年譜》記載：「師三十七歲。圓悟著《臨濟正宗記》以付之，分座訓徒。師乃炷香爲誓曰：『寧以此身代眾生受地獄苦，終不以佛法當人情。』乃握竹篦爲應機之器，於是聲譽藹著。」又本錄云：「師室中常舉竹篦問學者曰：『喚作竹篦則觸，不喚作竹篦則背。』」

大眾後來下語皆不契合。因爲僧人請益，大慧禪師復成五頌示大眾：「

雲門舉起竹篦，開口知君話墮。上方香積不餐，甘伏食人涕唾。

雲門舉起竹篦，禪和切忌針錐。鸞鳳不棲荊棘，鷓鴣偏守空池。

雲門舉起竹篦，通身帶水拖泥。幅報參玄上士，撒手懸崖勿遲。

雲門舉起竹篦，擬議知君亂統。直饒救得眼睛，當下失卻鼻孔。

雲門舉起竹篦，露出心肝五臟。可憐猗死禪和，猶自魂飛膽喪。」

竹篦子是剖竹作成，呈「ㄟ」字形，形狀就如同無弦之弓。手握之處捲籐、上漆，並結絹紐，附流蘇，長度不一。現代首座論法時仍有沿用此具。而日本的禪林間也使用此法具。

可見這是禪師由鍛鍊禪眾的經驗當中，認爲最適合使用的教具。

事實上，禪的開悟境界，常在老師與弟子之間啄啐同時、電光石火的機緣當中現前。所以，禪師無不隨手拈來鍾鍊弟子。像禪板本來是坐禪時靠身或放手的倚具，但亦可能成爲打人的香板。如：

龍牙山居遁禪師在翠微時，

問：「如何是祖師意？」

翠微曰：「與我過禪板來！」

師遂過禪板來。

翠微接得便打。

師曰：「打即任和尚打，且無祖師意！」

又問臨濟曰：「如何是祖師意？」

臨濟曰：「與我將蒲團來！」

師乃過蒲團。

臨濟接得便打。

師曰：「打即任和尚打，且無祖師意！」

可見，香板隨著自然的需要而產生，而不管硬的禪板與打坐的蒲團，都可成爲鍛鍊禪者的教具。

⊙禪鎮、禪杖與禪帶

此外，還有坐禪時警策睡眠之器具，首先介紹禪鎮。

禪鎮的由來見於《十誦律》中的記載：「佛世時，有比丘於衆中昏睡，佛陀說：『後以水洗頭警醒。』如果昏睡仍不止，可以用禪毡擲之。如果仍睡不止，如此可用禪杖警策。取禪杖時，應生恭敬心。以兩手捉禪杖頂戴頂上，應起身看大衆餘睡者，以禪杖築之，築已還回本坐。如果大衆中無昏睡者，還以禪杖著本處已坐。」如果還是沒有用，諸比丘故睡，如此則可用禪鎮，即作孔已，以繩貫孔中，繩頭施紐，掛於耳上，去額前四指。如果著禪鎮時還是睡著，以致禪鎮落下，如此則應起來行走。後來，由於昏睡的比丘起來行走提神時，來往混亂，於是世尊則教之應如鵝行走一般，次第而行。

在《資持記．鉢器篇》中說其形狀爲：「禪鎮如笏，坐禪時鎮頂，鎮作孔施紐，串耳上，睡時即墮地。佛言：『一墮聽舒一足，二墮舒二足，三墮應起經行。』」

在《釋氏要覽》中說：「禪鎮，木版爲之，形量似笏，中作孔，施紐串於耳下，頭戴去額四指。坐禪人若昏睡，頭傾則墮，以自警。」

而《止觀證真私記》中也記載：「《四分抄》批云：『禪鎮者，用骨牙角者，可方一寸許，若有睡者，著頂上。頭若正時則不落，若睡時，頭動則落膝上。』」

《釋氏要覽》中說，除了禪鎮之外，還有一種幫助坐禪不使昏沈的器具，稱爲禪帶：「禪帶，此坐禪資具也。經云：用韋（熟皮）爲之。廣一尺，長八尺，頭有鉤，從後轉向前，拘兩膝令不動故。爲乍習坐禪易倦，用此檢身助力，故名善助。用罷，屏處藏之。」

而禪杖也是坐禪警醒的器具之一。

《釋氏要覽》中說：「禪杖，以竹葦爲之，用物包一頭，令下座執行，坐禪昏睡，以軟頭點之。」

而前面所說的禪毱，是一種毛球，如果有坐禪昏沈者，則以禪毱擲之，使其警醒。

《釋氏要覽》云：「禔毱，毛球也，有睡者，擲之令覺。」

在《大智度論》中說：「菩薩供給坐禪者衣服、飲食、醫藥、法杖、禪毱、禪鎮，令得好師教詔，令得好弟子受化，與骨人令觀，與禪經令人爲說禪法，如是等三十七助道法因緣。」

蒲團

指禪林中坐禪用的墊子，作用在坐禪時使腰部省力豎直。坐物以蒲編造，其形團圓，故言蒲團。

在《永平清規．辦道法》中說到禪堂中大眾用蒲團坐禪的情形：「晡時隻衣入堂，就單位出蒲團而用坐禪，未展單矣。」

關於蒲團的大小，其厚度高約一搩手（十公分左右），即一個拳頭的高度。現代蒲團的材質已逐漸多樣化，但仍以天然的材質爲佳。內容填充物多採棉花、木棉等。此外，現代蒲團常與方墊配合使用，方墊用來鋪在地上，隔除地氣，大小約七十二公分見方，以兩腳雙盤時，皆可置於方墊中的大小爲宜。

曲彔

曲彔是椅子的一種，常見於禪宗公案中。原來是胡椅的俗稱。又稱爲圓椅、交椅、參椅。其形狀彎曲，有四腳，兩腳交叉，有椅背；因爲其形狀屈曲，所以名爲曲彔，乃是指其刻木屈曲的樣子。

後來「曲彔」一語亦被用於指稱牀，如《雲門文偃禪師語錄》卷上中說：「諸方老禿奴，曲木禪床上座地，求名求利，問佛答佛，問祖答祖，屙屎送尿也。」《大明高僧傳》卷六中也說：「二十年來坐曲彔床。」在《普燈錄．應菴華禪師章》中說：「虎丘忌日，拈香日：『平生沒興，撞著這無意智老和尚，做盡伎倆，湊泊不得。從此卸卻干戈，隨分著衣喫飯。二十年來，坐曲彔木，懸羊頭，賣狗肉，知他有甚憑據？雖然，一年一度燒香日，千古令人恨轉深。』」

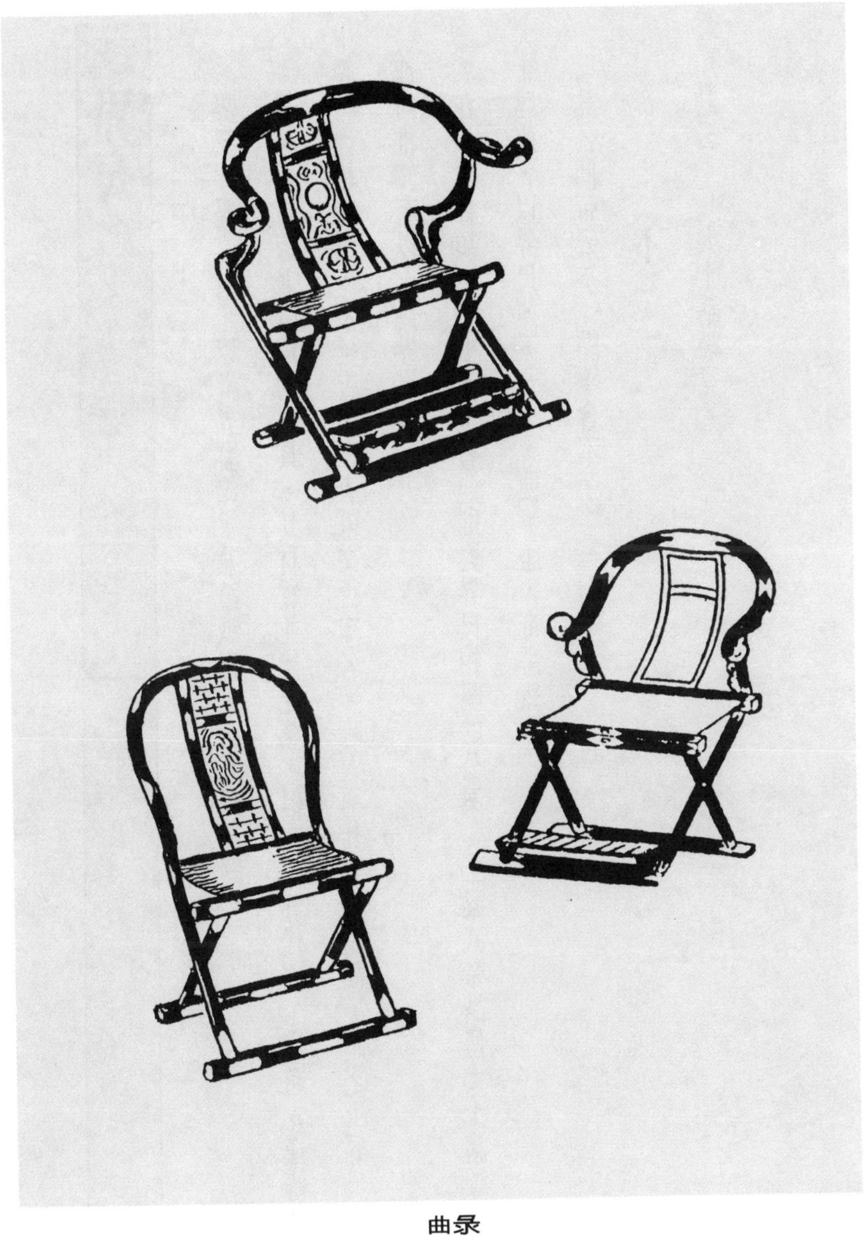

曲彔

界尺

界尺，爲文具，以畫界罫線，兼鎮紙幅，與戒尺不同。

界尺爲畫線兼紙鎮的工具，其材質並無記載，但在《五代史·唐趙光逢傳》中說：「趙光逢，字延吉，在唐以文行知名，時人稱其方直溫潤，謂之玉界尺。」或可推知有以玉爲界尺者。

在《禪林類聚》中，也有一則與界尺相關的公案：「梁武帝請傅大士講經，大士陞座，以界尺揮案一下，便下座，帝愕然。

誌公問帝云：『陛下會不?』

帝云：『不會。』

誌云：『大士講經竟。』」

第七章 置物用的法器

舍利容器

⊙舍利

舍利（梵語śarīra），即死屍、遺骨之意。又作實利、設利羅、室利羅。意譯體、身、身骨、遺身。通常指佛陀之遺骨，而稱佛骨、佛舍利。《金光明經》卷四〈捨身品〉中說：「舍利者，是戒定慧之所熏修，甚難可得，最上福田。」

安置佛舍利之寶塔，則稱爲舍利塔；安置佛舍利之瓶，稱爲舍利瓶。在《浴佛功德經》中，將舍利分爲二類，1.生身舍利，又稱身骨舍利，即佛之遺骨。2.法身舍利，又稱法頌舍利，即佛所遺之教法、戒律，而以舍利比喻之。〈法苑珠林〉卷四十則分爲三類：1.骨舍利，其白色。2.髮舍利，其色黑。3.肉舍利，其色赤。

依《長阿含經》卷四遊行經記載，佛陀入滅時，波婆國（巴利文Pāvā）之末羅（巴利文Malla）民眾欲分得舍利，於本土起塔供養，乃備四種兵至拘尸城，遣使者請分舍利。但拘尸王卻以世尊於該國滅度爲由，國內之士民當自供養，遂拒分舍利。

於是遮羅頗國、羅摩伽國、毗留提國、迦毗羅徑國、毗舍離國、及摩揭陀國亦各備大軍進渡恆河，請分舍利，拘尸王亦以同理由拒分舍利，諸王不惜戰爭奪取，後乃八分舍利與八國，八國皆得舍利而歸，各起塔供養。

八分舍利後，至阿育王時，開啟羅摩伽國以外之七塔，取其舍利盛於八萬四千寶篋，建立八萬四千寶塔。另據高僧法顯傳師子國（錫蘭）條載，該國王城中

密觀寶珠嵌裝舍利容器

有佛齒精舍。大唐西域記卷十一亦有相同之記載，謂僧伽婆羅國（錫蘭）王宮之側有佛牙精舍。

西域地方亦盛行供養佛舍利，如法顯傳載，那竭國界醯羅城中有佛頂骨精舍。西域記卷一迦畢試國條載，該國有龍王所建之窣堵波，其中供奉如來之骨肉舍利；在王城西北之大河南岸有舊王伽藍，其中供奉如來頂骨一片。又據《西域記》卷十二載，玄奘歸國時攜回如來舍利一五〇粒。《宋・高僧傳》卷一則載，唐代義淨歸國時攜回舍利三百粒。

⊙舍利塔

舍利塔即安置佛陀舍利之塔婆，或安置一般遺骨之塔。又作舍利浮圖、骨塔。佛陀涅槃後，由香姓婆羅門將佛舍利分為八份，分與迦毗羅衛等八國請回起塔供養。其後，阿育王並建立八萬四千塔以供養佛舍利，於法顯、玄奘至印度時，仍可見到阿育王所建之塔，其形或近似於山琦古塔，可惜該類舍利塔今已不存。

義淨在《南海寄歸內法傳》卷四中提及：「印度僧侶或俗人以土作支提或佛

金龜舍利寶塔

像，或者在絹、紙印上佛像，隨處供養。有時將土堆做成佛塔，而以磚圍。（中略）或者以金、銀、銅、鐵、泥、漆、瓶、石或沙雪作佛像支提時，將二種舍利，亦即大師之身骨及緣起之法領納入。」

而玄奘在《大唐西域記》卷九也說：「依印度之法，以香末爲泥，做小窣堵波，高五、六寸。書寫經文，以置其中，名之曰法舍利。」可見印度亦有此種小型舍利塔的建作。

我國素來盛行舍利之崇拜，故歷代所建之舍利塔、舍利殿極多。據《出三藏記集》卷十三記載，三國吳·孫權之時，康僧會感得舍利，孫權令人以鐵槌擊之不碎，乃建塔供養，是爲造立舍利塔之嚆矢。

隨文帝之時，天下諸州建舍利塔之風氣極盛。據《廣弘明集》卷十七記載，仁壽元年至二年（公元六〇一至六〇二年），文帝並詔敕天下八十二寺立塔。其中，蔣州（江蘇南京攝山）棲霞寺所立之塔極爲著稱，塔高約十六公尺，八角五層，基壇每面約十七公寸，全塔係以質地精細的灰黑色大理石所築成，然今所存者或係唐末改建而成。其後，歷代皆有造立、修治舍利塔之事。

在韓國，全羅南道金山寺也設有舍利塔，爲新羅末期之石造建築，立於二重方壇之上，壇之四面有天人浮彫，四隅爲獸形，塔身呈砲彈狀，上置九頭龍，並冠以蓮花及寶珠，極爲壯麗。於日本，則盛行以金銅造小塔，如四天王寺御手印緣起所載，在金銅舍利塔內置舍利十三粒。另如西大寺、法隆寺、唐招提寺之舍利塔亦極著名。

⊙舍利容器

爲盛裝舍利之器皿。又作舍利瓶、舍利壺、骨壺，即今一般所指之小型舍利塔。材質多以金屬、石器、陶器、木材等製造，形狀不一。據《長阿含經》卷四遊行經所記載，佛涅槃後，荼毗遺骸，諸國遣使欲得佛舍利，時有香姓婆羅門，乃將佛舍利八分，分與八國，婆羅門則自得舍利瓶而歸。

今健馱邏出土之石刻品中，刻有桌上排列八個舍利瓶，而諸國代表圍繞其旁之相狀。又於吉希爾（Kizil）摩耶洞（Mā Yā-hoble）壁畫中，上半有八人各捧舍利瓶，將受舍利之像，下半則有八國代表騎馬參集，各於馬頸縛舍利瓶之圖像

舍利容器

。與《佛般泥洹經》卷下所記載吻合。

我國有關舍利瓶之記錄，如梁高僧傳卷一康僧會條載，僧會潛心祈請二十一日，果於銅瓶中感得佛舍利。又如歷代三寶紀卷九載，北魏孝明帝熙平元年（五一六），靈太后造永寧寺，立九層木浮圖，浮圖之上復有寶剎，剎上之金寶瓶含容舍利二十五石。

韓國曾於慶尚北道尚州發現金銅舍利壺，爲新羅時代所造，呈圓筒形，高約十一公分，直徑長約七公分，瓶蓋上有獅子鈕，瓶身陰刻四天王像。

佛龕

龕原指掘鑿岩崖爲空，以安置佛像之所。據《觀佛三昧海經》卷四記載，一一之須彌山有龕室無量，其中有無數化佛。《大毗婆沙論》卷一七七記載：底沙佛至山上，入吠琉璃龕，敷尼師檀，結跏趺坐，入火界定。

現今各大佛教遺蹟中，如印度之阿旃塔，愛羅拉，我國雲岡、龍門等石窟，四壁皆穿鑿眾佛菩薩之龕室。後世轉爲以石或木，作成櫥子形，並設門扉，供奉佛像，稱爲佛龕；此外，亦有奉置開山祖師像。

彌勒菩薩佛龕

經箱

經箱是指收藏經典之箱。收藏卷子本的用具中有「經帙」，這是像竹簾一般將卷子捲起，分為布製與竹製。敦煌的卷子布，是在方形布的一角附以繩帶。

經典依其裝訂方式，可分為「卷子本」與「册子本」，經箱除了經帙之外，同時也收納卷子本與册子本。

戒體箱

戒體箱是指密法於行灌頂時，在三昧耶戒場盛放戒文或他物之箱。此外，也依照阿闍梨的意思，而盛放齒木、五色線、名香等。其形狀在長方形的木箱加以銅板，將輪寶等五金的法具圖，以釘固定，或在外圍銅板上附以毛雕圖案，有蓋與腳台。遺品中屬於鎌倉時代以後者，有京都府醍醐寺飾以鍍金的輪寶、羯摩圖樣。在《醍醐寺三寶院并遍智院灌頂道具繪樣尺寸等》中敘述：「戒體箱，長一尺一寸，寬三寸六分。」

戒體箱

第八章 密教的法器

曼荼羅

曼荼羅（梵名 maṇḍala，藏名 dkyil-hkhor），在古代印度，原指國家的領土和祭祀的祭壇。但是現在一般而言，是指將佛菩薩等尊像，或種子字、三昧耶形等，依一定方式加以配列的圖樣。又譯作曼拏羅、滿荼羅、曼陀羅、漫荼羅等。意譯爲壇城、中圍、輪圓具足、壇場、聚集等。

爲了修行者觀想方便所繪製、雕造的曼荼羅，而有形像曼荼羅，而成爲曼荼

胎藏界曼荼羅

羅的表徵。

曼荼羅的梵語maṇḍala，是由意爲「心髓」、「本質」的maṇḍa，以及意爲「得」的la所組成的。因此「曼荼羅」一詞即意謂「獲得本質」。所謂「獲得本質」，是指獲得佛陀的無上正等正覺。

由於曼荼羅是真理之表徵，猶如圓輪一般圓滿無缺，因此也有將之譯爲「圓輪具足」。另外，由於曼荼羅也被認爲有「證悟的場所」、「道場」的意思，而道場是設壇以供如來、菩薩聚集的場所，因此，曼荼羅又有「壇」、「集合」的意義產生。因此，聚集佛菩薩的聖像於一壇，或描繪諸尊於一處者，都可以稱之爲曼荼羅。

一般我們所稱的曼荼羅可分爲四種，稱爲四種曼荼羅，簡稱四曼。即：

1.大曼荼羅：諸尊具足相好容貌的圖畫，稱爲大曼荼羅（尊形曼荼羅），相當於金剛界曼荼羅中的成身會。

2.三昧耶曼荼羅：即示現諸尊的本誓三昧耶，也就是將表示本尊的法器、持物，以圖示象徵的三昧耶圖繪表示，稱爲三昧耶曼荼羅，相當於金剛界曼荼羅的

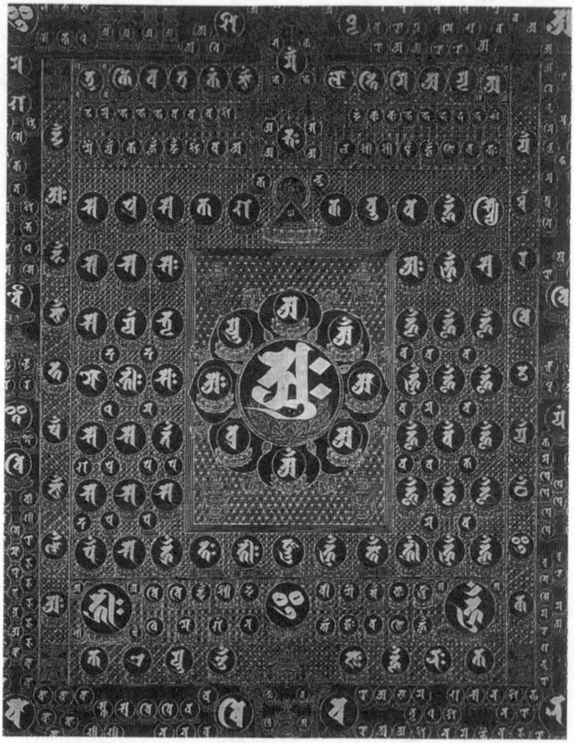

種子字曼荼羅

三昧耶會。

3.法曼荼羅：這是諸尊的種子及真言，或書寫種子梵字於諸尊的本位，或以法身三摩地以及一切經論的文義等來表現，稱爲法曼荼羅（種子曼荼羅），相當於金剛界的微細會。

4.羯磨曼荼羅：將諸尊的威儀事業鑄造成像，形成立體、行爲的三度乃至四度空間的行動性曼荼羅，稱爲羯磨曼荼羅，相當於金剛界的供養會。

而這四種曼荼羅，一般又各含有三種曼荼羅，即：

(1)都會（都門、普門）曼荼羅：是各部諸尊聚集在一起的曼荼羅，如以大日如來爲中心的兩部曼荼羅。

(2)部會曼荼羅：是某一部會的諸尊，會聚在一起的曼荼羅，如佛部的佛頂曼荼羅，蓮華部的十一面觀音曼荼羅等。

(3)別尊（一門）曼荼羅：這是以一位本尊爲中心的曼荼羅，如釋迦曼荼羅、如意輪曼荼羅等。

我們一般所指稱的曼荼羅即是以上四種大、三昧耶、法、羯磨曼荼羅。

西藏十一面觀音曼荼羅

金剛鈴

金剛鈴密教法具之一。又作金鈴。其中西藏密教所用者又稱藏鈴。爲督勵眾生精進與喚起佛、菩薩之驚覺所振搖之鈴。即於修法中，爲驚覺、勸請諸尊，令彼等歡喜而振搖之。其柄呈金剛杵形，以柄之樣式而有獨股鈴、三股鈴、五股鈴、寶鈴、塔鈴等五種之別，稱五種鈴，與五重杵共置於修法大壇上各相應之位置。於修法終了，爲了奉送諸尊而振鈴，稱爲後鈴。鈴表示說法之義，如果配以五智，此五種鈴即象徵五智五佛說法之外用。除了五種鈴之外，天息災所譯之《微妙曼荼羅經》卷五，亦舉出九股鈴（忿怒變化明王鈴）及七股鈴（金剛忿怒明王鈴）。

在五種鈴中，五鈷鈴是最爲重要與常見的。

五鈷鈴是指具五鈷杵形之柄的金剛鈴。五鈷鈴和獨鈷杵、三鈷杵、五鈷杵同時盛放時，要安置於金剛盤的中央。

金剛鈴

五鈷鈴的種類依鈴身裝飾不同，可分爲素紋、種子字、三昧耶形、佛像等四類，分別稱爲：1.五鈷素紋鈴。2.五鈷種子鈴。3.五鈷三昧耶鈴。4.五鈷本尊像鈴。

五鈷素紋鈴爲鈴身上中下只圍以帶飾之一般性的鈴。

五鈷種子鈴，是指鈴身上刻有諸佛的種子字，一般可分爲象徵金剛界五佛的「金剛界五佛種子鈴」與「胎藏界五佛種子鈴」兩種。金剛界鈴在鈴身上刻有𑖪𑖽（vaṃ），代表大日如來、𑖮𑖳𑖽（hūṃ），表阿閦如來，𑖝𑖿𑖨𑖯𑖾（trāḥ）代表寶生如來、𑖮𑖿𑖨𑖱𑖾（hrīḥ）代表阿彌陀如來、𑖀𑖾（aḥ）代表不空成就如來。種子字的位置分配，乃是依照順時針方向排列，表示大日如來的作用具體開展（向下門）。

一般而言，金剛金剛界鈴的鈴身是屬於素紋，但胎藏界鈴則富於裝飾，在以圓圈圍繞的梵字中，具有寶相華紋與蓮華紋的裝飾。上下圍以寶珠帶，上部有獨鈷紋，下方有三鈷紋，製成蓮華座。同時，柄的鈷都在握把上附以鬼目，在脇鈷的基部上獅面花紋。

置於金剛盤上的鈴杵

五鈷三昧耶鈴，於鈴身上刻有諸佛菩薩之三昧耶形的五鈷鈴。即以三昧耶形來代表諸尊，金剛界曼荼羅九會中的三昧耶會，乃是其基本形式。

一般三昧耶鈴所刻的是大日如來與四波羅蜜菩薩。金剛杵，代表金剛波羅蜜多菩薩，寶珠代表寶波羅蜜多菩薩，蓮華杵代表法波羅蜜多菩薩，羯磨代表羯磨波羅蜜多菩薩，三昧耶鈴大致上具有與胎藏界種子鈴共通的紋飾。鈴身的三昧耶形之間雖然素紋者較多，但也有輪寶紋與羯磨紋。

五鈷本尊像鈴，是指在鈴身上鑄有佛教諸尊，尤其是護法諸尊之鈴，常見的有代表五大明王的「明王鈴」與代表四天王的「四天王鈴」，以及以梵天、帝釋天加上四天王的「梵釋四天王鈴」。

金剛杵

金剛杵（梵語 vajra）音譯縛日囉、伐折囉、跋折羅、跋馳囉、伐闍羅。原爲古代印度之武器。由於質地堅固，能擊破各種物質，所以稱爲金剛杵。

密教中，金剛杵象徵摧滅煩惱之菩提心，爲諸尊之持物或修法之道具。於曼荼羅海會之金剛部諸尊皆持金剛杵。金剛杵象徵如來金剛之智慧大用，能破除愚癡妄想之内魔與外道諸魔障。

金剛杵的材質，有金、銀、銅、鐵、石、水晶、檀木、人骨等多種質料，大小如《蘇婆呼童子經》中說，金剛杵大小有長八指、十指、十二指、十六指、二十指不等。形狀有獨股、二股、三股、四股、五股、九股、人形杵、羯磨金剛、塔杵、寶杵等，而以獨股、三股、五股最爲常見，分別象徵獨一法界、三密三身、五智五佛等。

又獨股杵、三股杵、五股杵、寶杵、塔杵合稱「五種杵」。其中，獨股杵爲

金剛杵

最古老之形式，其鋒頗長，為密迹金剛二力士所持。此外，千手觀音四十手中之金剛杵手及金剛藏王菩薩一百零八臂中之一手亦持獨股杵。於五種金剛杵中，以獨股杵與蓮華部相應，置於大壇之西方，其獨鋒象徵獨一法界。三股杵與羯磨部相應，置於大壇之北方。通常稱「縛日囉」者，一般係指三股杵。五股杵又稱五智金剛杵、五峰金剛杵、五鋒光明、五股金剛，其五鋒係表五智五佛，其中之一鋒象徵佛之實智，其餘四鋒則為四佛權智之標幟。

金剛杵中，以七股、三股、五股最為常用。經軌所謂之跋折羅多指三股杵。

除此之外，《微妙曼荼羅經》另舉金剛智慧菩薩金剛杵、寶部金剛杵、蓮華部金剛杵、羯磨金剛杵、如來最上金剛杵、忿怒金剛杵、微妙心金剛杵等。

金剛杵

羯磨杵

羯磨杵（梵 karma-vajra）密教法器，由三鈷杵交叉組合成十字形，象徵諸佛本具之作業智，屬於輪寶。又稱羯磨金剛、十字羯磨、十字金剛、輪羯磨，或單稱羯磨。

修法時，大壇之四隅各置一羯磨金剛，以象徵摧破十二因緣之義。此外，亦有以蓮花形羯磨臺置於大壇四隅者，《一字佛頂輪王經》中說：「其四角隔，各畫二金剛杵，十字交叉，如是印等蓮華臺上如法畫之。」

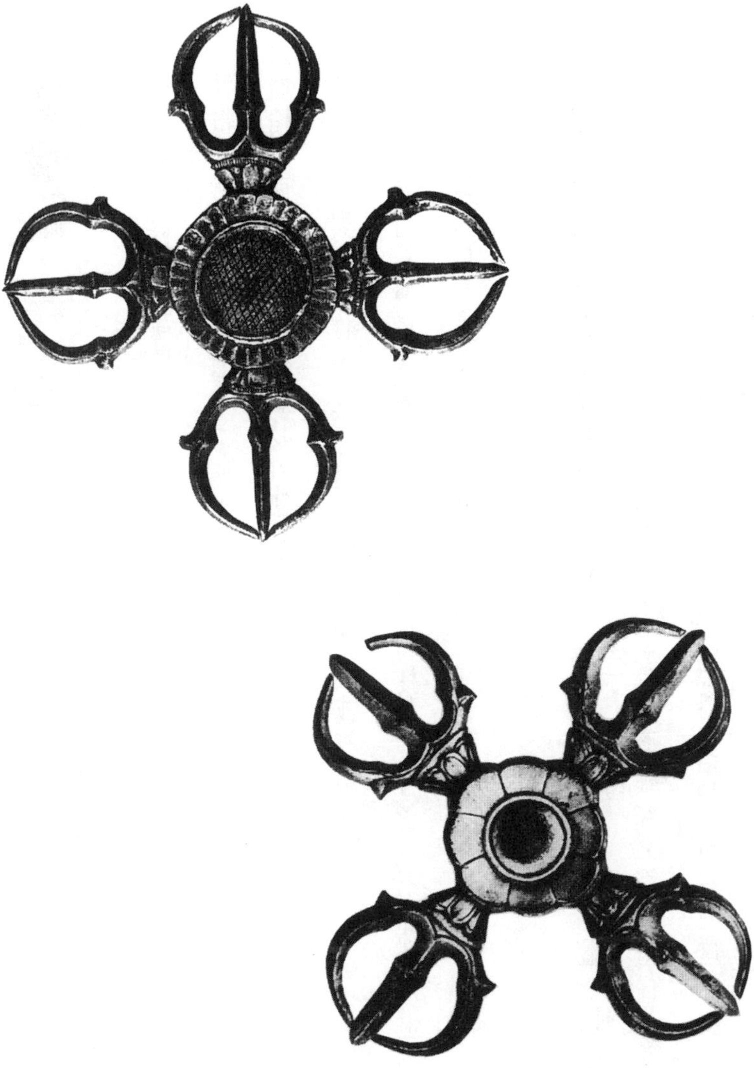

羯磨杵

金剛盤

金剛盤是修法時置於壇上而在其上安置金剛杵及五鈷鈴的金銅製盤。根據《行法肝葉鈔》卷上記七：「金剛盤形如肉團，三角爲心形。」所言是幾近於三角形而輪廓爲不整齊的四葉形。盤中的配置，以五鈷鈴爲中心，前方置五鈷杵，左右置三鈷杵與獨鈷杵，但因流派不同，置放或有不同。

在《醍醐寺三寶院并遍智院灌頂道具繪樣尺寸等》「三昧耶戒道具事」項目中，提及金剛盤的尺寸：「金剛盤，足高一寸五分，以毛雕紋打三鈷一輪等，橫一尺，豎七寸。」

金剛盤的造型有四葉蓮華型，另有不整齊四葉的三角形之盤。以稜圍繞邊緣，盤兩肩四葉形的切口有心臟形的透雕，也有無透雕者。盤下左右及後方有貓足形的腳。另一種素紋系統的金剛盤，盤上則無設安置五鈷鈴的蓮華座。

金剛盤

金錍

金錍又稱為金篦，亦稱為金鑄、小金剛杵子。本來是古印度治療眼疾之工具。在密教入門式的灌頂中，阿闍梨用來替受法者開眼，同時也用於佛像的開眼供養。

根據《大般涅槃經》卷八記載：「佛言：『善男子為治百盲人之目，故造詣良醫。是時，良醫即以金錍決其眼膜。』」在《大日經疏》卷九中記載：「佛為汝決除無智之膜，猶如世之醫王善用金鑄。西方（印度）之治眼法，以金為箸，兩頭圓滑而中細，形如杵，長可四五寸許。用時以兩頭塗藥，各用一頭入一眼之中而塗之。」

如此而對金鑄的用途及形態皆做了具體的說明。這種治眼之工具，被用為象徵性的法具，用以開啟被障蔽之智眼。

有關在灌頂儀式中的使用法，根據《阿娑縛抄》卷一的記載：「右手橫持錍

金錍

，先以右頭拭右眼，次以左頭拭左眼，而後，授畢弟子之雙目而說偈曰：『佛子，佛爲汝決除無智之膜，猶如世之醫王，善用金籌。』偈畢，師取錍置於本所。」

金錍的形態有獨鈷杵前端附以寶珠者，把手的鬼目部分分爲三段者、一段者、或鈷部爲八角形者。如果只有一端有寶珠者，則稱爲片珠金錍，兩方有寶珠者稱爲雙珠金錍，分爲以上兩種。

象爐

又稱香象、象香，爲象形香爐，是密法中淨身的器具。香象是指發情期之象，gaja-mada之漢譯，發情期的象會從太陽穴分泌芳香的粘液，其力量勇猛，爲一般象之千倍，以此來比喻行者之勇健。象爐使用於阿闍梨接受「傳法灌頂」的道場，將它置於灌頂道場的入口，受者跨越而過，以此淨身。

在日本的《灌頂道具本記》的手抄中有說明：「其樣式長一尺四寸；高八寸三分；地盤一尺三寸；寬七寸一分，背有銅返華，塗滅金，花實十個，從此出煙。」同時，又敘述：「座書蔓草，紅底，背有銘文。」

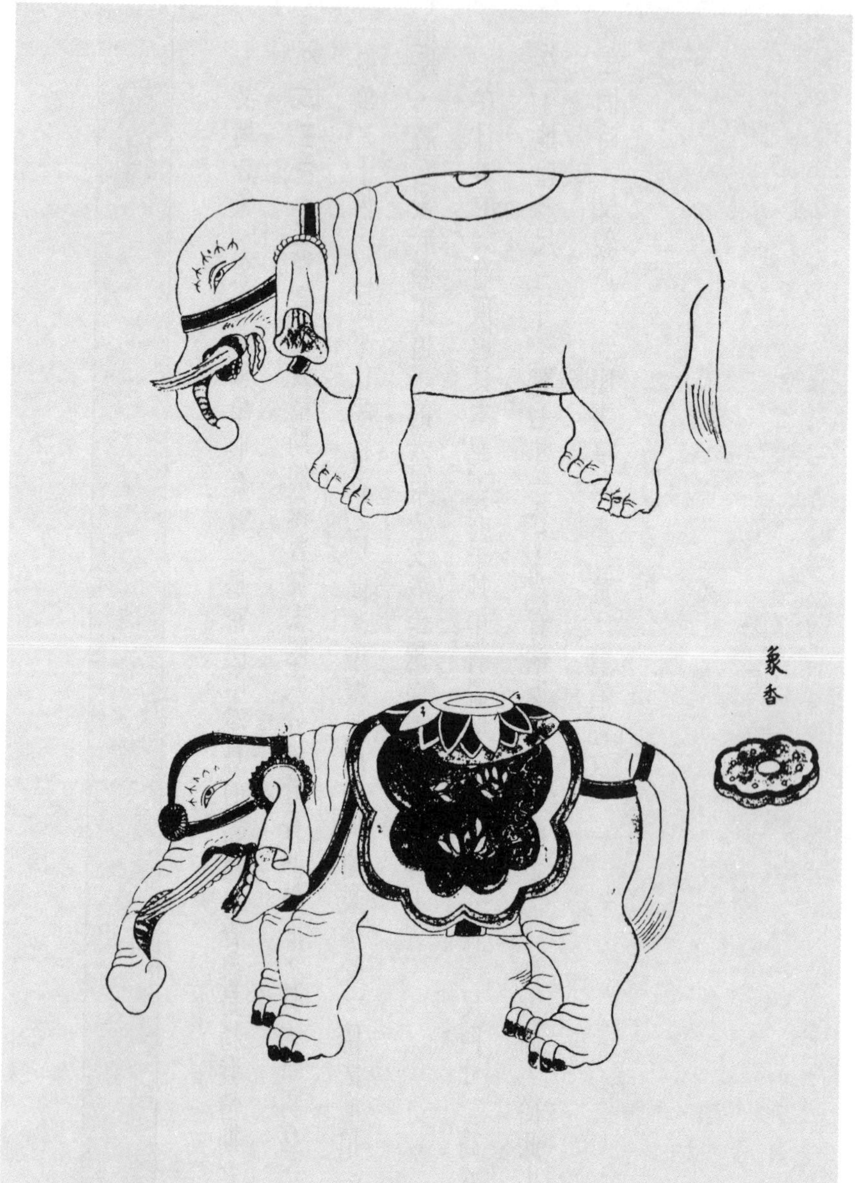

象爐

閼伽桶

盛閼伽之桶。閼伽（梵語 argha），係指水之意，也譯爲功德文、功德。閼伽桶是指盛閼伽之桶。在印度款待客人時，首先用水。在《眾許摩訶帝經》卷三中記載，阿私陀仙人求見初出生的世尊，淨飯王以上賓待之：「王相見畢，歡喜無量，請就床座而獻閼伽水，作樂，設食作種種供養。」這種習俗被引入佛教，尤其是密教，使閼伽的供養成爲六種供養之一。

《大日經》〈具緣品〉中，對閼伽、塗香、華鬘、燒香、飯食、燈明等六種有所說明，並配以六波羅蜜。在密教修法時，施行兩次閼伽供養，亦即是在前供養時供養火舍右側的洗足水，以及後供養時供養火舍左側的漱口水。所謂洗足水，是供養本尊洗足的水，亦即是讓遠道而來的客人洗足之水。漱口水相當於宴客後讓客人用以漱口之水。

爲汲閼伽而有專用的井，稱爲閼伽井。由於閼伽要經常保持清淨，不可以雜用水充當，因此在大寺院掘有閼伽井。在《顯密威儀便覽》中，有規定從閼伽井汲水的「閼伽汲作法」。

閼伽一般爲金銅製，高及口徑均爲十至十五公分左右的圓筒形，上面附弦。在《和漢三才圖繪》中敍述：「閼伽桶是大爲三寸餘的銅器，具有平弦。」胴側及底略帶圓形突起，穿以二至三條繩子，附有底台。

閼伽桶

法螺

法螺（梵 dharma-śaṅkha）爲密教常用的法器。譯爲商、珂貝，又稱爲法蠃、寶螺、金剛螺、蠡、蠡貝、螺貝等。樂器之一種，在卷貝的尾端裝上笛子而成。

在經典中常以法螺之音悠揚深遠來比喻佛陀說法之妙音，如《法華經》〈序品〉中說：「今佛世尊欲說大法，雨大法雨、吹大法螺。」

如《無量壽經》卷一以「扣法鼓，吹法螺」比喻佛說法之莊嚴。

而法螺實際上也是佛事中所使用的法器之一。在卷貝的尾端附笛製成，狀似喇叭。在《洛陽伽藍記》卷五記載，烏場國有早晚吹法螺以禮佛的習俗。《廣清涼傳》卷上記載，五台山大孚靈鷲寺啟建法會時，即以法螺、箜篌、琵琶齊奏。

在密教之中，是灌頂所必須的法器之一。如《注進醍醐寺三寶院并遍智院道具繪樣等三昧耶戒道具事》記載：灌頂所用的法螺爲白色，長須五寸二分。

在《略出經》中記載，灌頂時，上師應授以商佉，告言作是，從今以後，汝應轉動諸佛之法輪。當吹無上之法螺，遍傳大法聲於一切處。

關於法螺的功德在《不空羂索神變真言經》第一八卷中說：「若加持螺，諸高處望，大聲吹之，四生之眾生，聞螺聲滅諸重罪，能受身捨己，等生天上。」而《千手千眼觀世音菩薩廣大圓滿無礙大悲心陀羅尼經》則說：「若為召呼一切諸天神，當用寶螺手。」表示為召集眾神的鳴示。

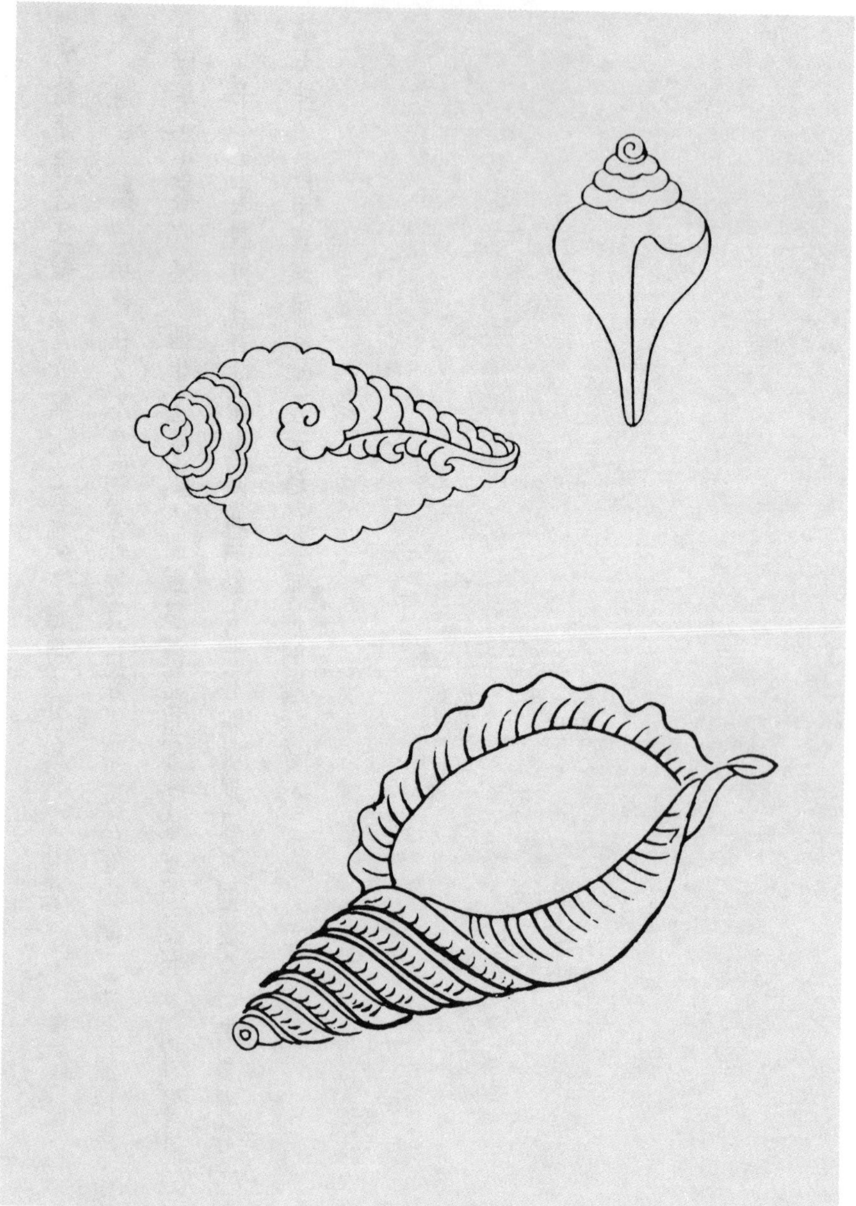

法螺

金剛線

指密教三摩耶戒壇上授與灌頂者的修多羅（線），或纏於修法壇金剛橛上的索。由青、黃、赤、白、黑等五色線搓合而成，並於兩線之結合處作三個金剛結，故通稱金剛線。但也有說前者爲金剛線、護身線或神線；後者爲壇線。

在密教之中，五色象徵五佛、五智，或信、進、念、定、慧五法，此五法貫攝一切教門。

《大日經疏》卷五中說：「此當作金剛線法，凡作延，當擇上好細具縷，香水洗之極令清淨，令潔淨童女右合之，合五色縷，當用五如來真言各持一色，然後以成辦諸事真言總加持之。

造漫荼羅延亦爾。五如來色者，謂大日佛加持白色，寶幢持赤色，花開敷持黃色，無量壽持綠色，鼓音佛持黑色。

阿闍梨先自取延三結，作金剛結，用繫左臂，護持自身，次一一爲諸弟子繫臂，如是攝受弟子，則入漫荼羅，是離諸障難也。其金剛結法不可縷說，當從阿闍梨面受之。復次五色延者，即是如來五智，亦是信、進、念、定、慧五法，以此五法貫攝一切教門，是故名爲修多羅，古譯謂之延經也。若見諦阿闍梨，能以如來五智，加持弟子菩提心中五種善根，貫攝萬行繫持於瑜伽之臂，使經歷心中五種善根，使經歷生死常不失壞。若能如是攝取弟子，乃名善作金剛結。」

而《大日經疏》卷十五中說明五色之象徵意義：「白是信義，黃是精進，赤是念，黑是定，青色同於涅槃色。」

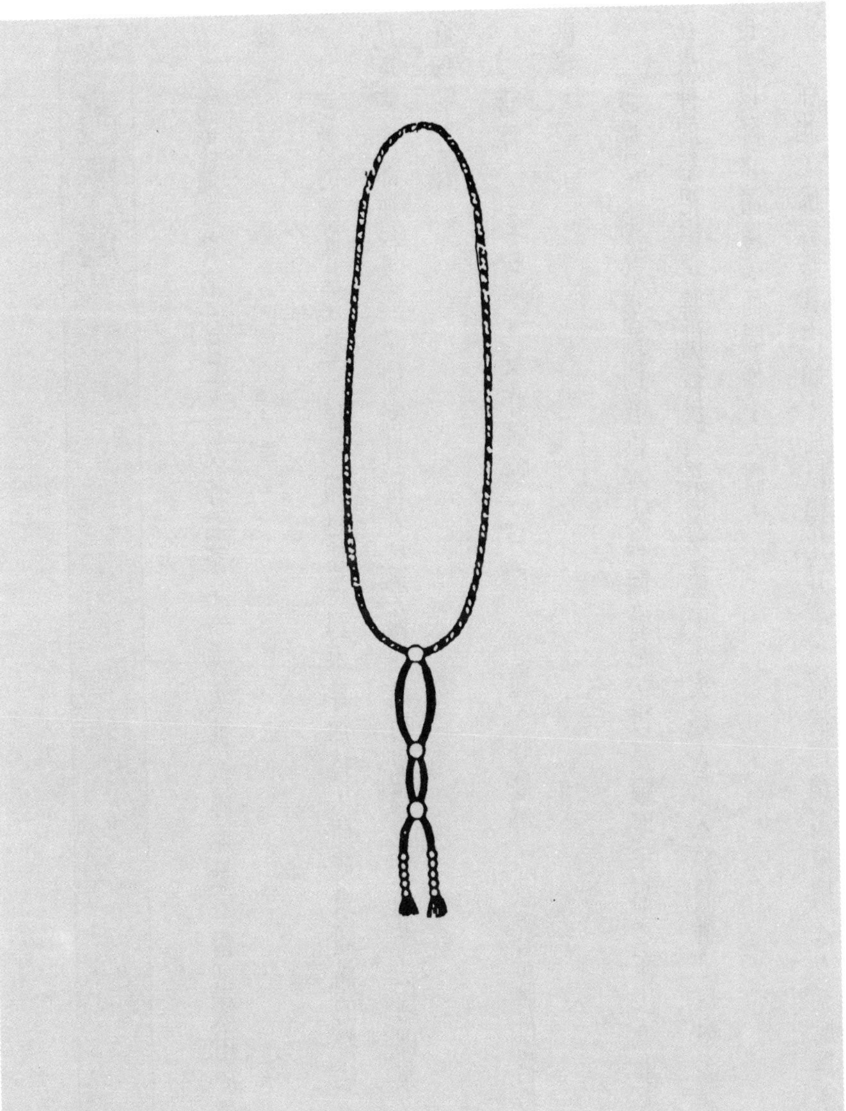

金剛線

護摩爐

護摩爐（梵名kuṇḍa）又作君荼，意譯火爐或護摩爐。指密法用於護摩之火爐。

密教的護摩法，是一種能夠迅速得到本尊加持，使所求願滿的修法。也被列爲東密四部加行之一，即密教行者接受傳法灌頂成爲正式的弘法阿闍梨之前，必須修學之法。

護摩（homa），又作護魔、戶摩、呼魔、呼麼等，意義是將供物投入火中供養。

護摩法，源於婆羅門教供養火神阿耆尼，以爲驅魔求福之作法，事火婆羅門在火神的祭祀中，將供物投入祭壇之爐中，火焰表示入於諸佛之口中，諸神依此得力以降伏諸魔，而賜福予人們。

在此，佛教將其內涵，加以轉化昇華，依法性意義融攝之，並成爲密教的重

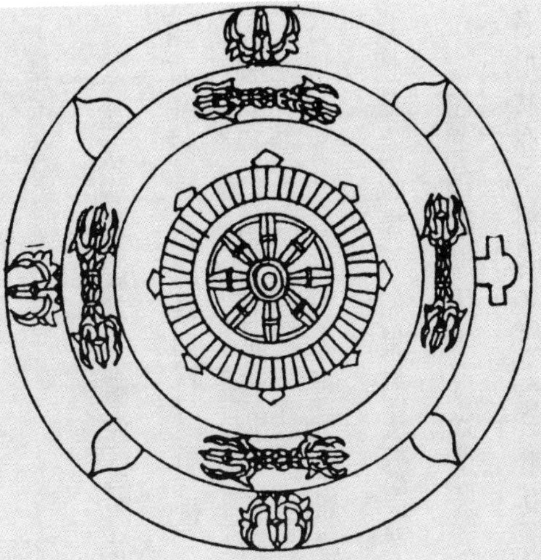

息災法護摩爐

增益法護摩爐

護摩爐

要修法。在《大日經疏》卷二十中說：「護摩是以智慧之火焚燒煩惱的薪柴，使其窮盡無餘。」而在《尊勝佛頂真言修瑜伽軌儀》卷下則說，護摩者就如同爲火天一般，火能燒草木森林，使其無有剩餘，所以智火也是如此，能燒除一切無明，無不窮盡。

密法中行護摩，應先造四肘壇，高一搩手，中鑿軍荼徑圓一肘，深十二指，兩重作緣，內緣高闊口一姆指，外緣高闊各四指。底正平，以泥作輪像或跋折囉（獨鈷杵）相。柄向南出，作丁字形，柄長四指，闊亦四指。橫頭長八指，高闊各四指。又外作一土臺，形如蓮華。比外應敷師子座，又於軍荼周圍敷吉祥草，爲聖眾之位座。如果無法鑿造軍荼時，即以赤色畫其形狀，其中安火爐爲法。

密教的護摩法，可分爲息災、增益、降伏、鉤召、敬愛等五種法。所用火爐之形狀亦不相同，如《金剛頂瑜伽護摩儀軌》中所說：「我今說軍荼，依瑜伽相應。息災爐正圓，應當如是作。增益應正方，三角作降伏，金剛形軍荼，鉤召爲最勝，長作蓮花形，敬愛爲相應。」

懷愛法護摩爐

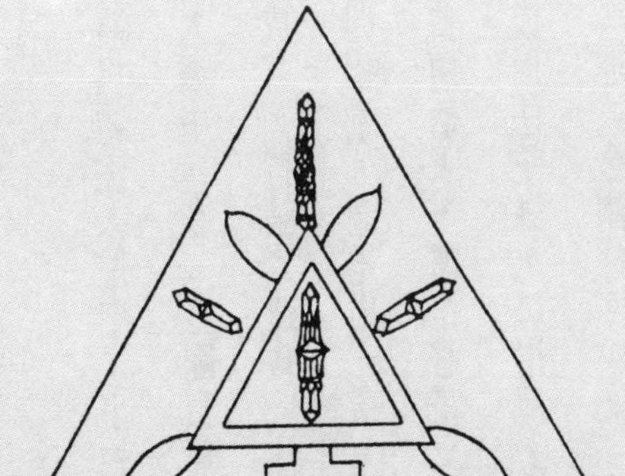

降伏法護摩爐

護摩爐

護摩杓

護摩杓是密教修護摩法等所使用器具。

此物有大小二種，大杓又稱注杓，用於將供物注入爐中；小杓又作瀉杓、祭杓，用於將蘇油等供物瀉入大杓，或直接瀉入爐中。在《金剛頂瑜伽護摩儀軌》中說：「我今次應說注杓、瀉杓相。於此作成就，持誦者速獲。注杓一肘量，佉木令堅密，無孔穴應作，口應妙端嚴，橫當四指量，深量用一指，形如吉祥子，於中三股杵，應令極端嚴，柄圍足人把，近口兩柄末，應作蓮花文。瀉杓長及圓，并及刻鏤文，皆如注柄相，木亦如前說。或用佉陀羅，口用禪上節，旋匝爲其量，橫應一寸餘，深量當半之，於中作蓮花，亦或金剛杵。」

此中，注杓的一肘量者，即杓與把柄之總長，爲一尺八寸。現時多以熟銅作杓、木作柄。

吉祥子，古傳爲柘榴果。依《瑜伽護摩軌》所說，則大杓爲柘榴果形，以柘

護摩杓

榴果含容多實，表金剛薩埵之萬德具備；杓內所刻三鈷杵，爲金剛薩埵之三摩耶形，即標示心、佛、眾生三平等之淨菩提心。小杓爲圓形，象徵圓滿之佛德。杓內刻八葉開敷之蓮華形表胎藏大日，或刻金剛杵（即五鈷杵）表金剛大日；一傳畫有輪寶，是即大日之三摩耶形，表普門之果德，大杓表金剛薩埵之因德，因此大杓不得直接酌蘇油等供物，必先以小杓酌之，後供大杓。

爲了方便放置護摩，在行者的右方多會放置名爲「杓休」、「杓安」的杓皿。

寶瓶

寶瓶是用來盛五寶、五香、五藥、五穀及香水等，以供養佛菩薩等的器具。迦羅奢，又作羯羅舍、羯蘗賒、迦蘗始，意譯寶瓶、賢瓶，或略稱瓶。《大日經》卷二〈具緣品〉中說：「次具迦羅奢，或六或十八，備足諸寶藥，盛滿眾香水，枝條上垂布，間插華果實，塗香等嚴飾，結護而作淨，繫頸以妙衣。」

其種類，依瓶頸所附之瓶帶顏色而分，有青帶瓶、黃帶瓶、赤帶瓶、白帶瓶、黑帶瓶等。又，此瓶因能生福滿時、如意滿所願，故亦稱德瓶、功德瓶、如意瓶、滿瓶等。

「瓶中盛裝五寶、五穀、五香、五藥等二十種香藥」，五瓶香水表如來之五智。繫在瓶頸的綵帛（瓶帶）顏色不同，其安置之次第亦異。如金剛界壇以白帶瓶置於中央，赤帶瓶置於北。胎藏界壇則以白帶瓶置於中央大日座，黃帶瓶置於南，青帶瓶置於西，黑帶瓶置於北。胎藏界壇則以白帶瓶置於中央大日座，黃帶

寶瓶

瓶置於西南，赤帶瓶置於東南，青帶瓶置於西北，黑帶瓶置於東北。配置時，有始自東北或東南之別，始自東北者，稱丑寅瓶；始自東南者，稱辰巳瓶。

在傳法灌頂之道場，結誦大日、普賢、彌勒、除蓋障、離諸惡趣之印言時，順次加持白、赤、黃、青、黑帶五瓶（稱五瓶加持），後由大壇移至正覺壇（小壇）時，取瓶於曼荼羅周圍行道三匝（稱五瓶行道），然後以瓶中香水次第灑在受者頂上。亦即誦大日真言時，灑白帶瓶之水於受者頂上；誦普賢真言時，灑赤帶瓶之水於受者之頂右；誦彌勒真言時，灑黃帶瓶之水於受者之額上；誦除障礙真言時，灑青帶瓶之水於受者之頂後；誦離諸惡趣真言時，灑黑帶瓶之水於受者之頂左。此儀式即表灑五智法水，使受者成爲佛灌頂之法王子。

依《一切如來大祕密王未曾有最上微妙大曼拏羅經》卷一載，最上等之瓶，量高二十指，腹闊十六指，頸高五指，口寬八指。瓶之種類有金、銀、銅、玻黎、鐵、木、瓦等七種。其中，息災、增益及灌頂應用金瓶、玻黎瓶、瓦瓶，降伏調伏及阿修羅法應用銅瓶，諸忿怒法應用銀瓶、鐵瓶、木瓶。又，息災法用白色瓶，增益法用黃色瓶，敬愛法用赤色瓶，降伏法用極黑色瓶。瓶帶的顏色應與瓶色相同。降伏法所用之瓶，其頸較細，象徵吉祥。

瓶的種類，依其材料有許多種，如《一切如來大祕密王未曾有最上微妙大曼拏羅經》卷一舉出金瓶、銀瓶、銅瓶、玻黎瓶、鐵瓶、木瓶、瓦瓶等七種；《摩訶僧祇律》卷十六亦舉麨瓶、石灰瓶、鹽瓶、草屑瓶、石蜜瓶、涅瓶、屑末瓶、酥瓶、油瓶等名稱。此外，胡瓶係胡人所作，瓶頂仿照金翅鳥頭，如千手觀音四十手中所持者即是。

丸香

丸香是密教修護摩法時所用的供物之一。

在《建立曼荼羅護摩儀軌》中說：「丁香、白檀、沈、熏陸、龍腦香、荳蔻、白芥子及以蘇合香，半末半爲丸，丸以蘇蜜和。」於修護摩法時，投入爐中，以爲供養。

密教護摩法中之供物，各自象徵不同的意義，此丸香象徵總集煩惱，投入火中燃燒表示智火燒盡貪煩惱。在與貪、瞋、癡三毒的配置方面，有人將切花、散香配屬貪、癡；而由於丸香其體各別，無和合之相，因此被取與瞋相配。或有說散香表散亂的煩惱，而丸香表結使之煩惱。或云丸香表煩惱、菩提和合一體之義。在與六度相擬配時，則與散香共表精進度。一日三時燒百八丸，意爲燒盡百八煩惱。

除了丸香之外，還有所謂的「五香」，又可分爲以下幾種：

1.密教作壇時，與五寶、五穀等一同埋於地中的五種香：指沈香、白檀香、丁香、鬱金香及龍腦香。《建立曼荼羅及揀擇地法》中說：「又取五種香，所謂檀香、沈香、丁香、鬱金香、龍腦香。已上寶穀香藥等各取少許，共置一瓷合中，或於瓷瓶中，或金銀器中盛之，以地天真言加持一百八遍，埋於壇中心。」

2.爲成就諸真言所備辦的五種堅香：指沈水香、白檀香、紫檀香、娑羅香、天木香。

3.通用於三部（即佛部、蓮華部、金剛部）的五種香：《蘇悉地羯囉經》卷上〈分別燒香品〉中說：「復有五香，所謂砂糖、勢麗翼迦、薩折囉娑、訶梨勒、石蜜，和合爲香，通於三部一切事用。」

金剛橛

金剛橛（梵文 vajvakilaka），譯音為伐折囉枳羅迦，為立於修法壇四隅的小柱，又稱四方橛、四橛。

在《蘇悉地羯囉經》卷中說：「宜以佉達羅木作橛四枚，其量為一指。應折鑯其一頭，如一股杵（中略）釘在四角，稍露橛頭。」在《蕤呬耶經》卷中，敍述曼荼羅的造立法：「四方已定後，又量角絡（對角線）。校正畢，復量中心。在其中心打一橛子，在其他四角各置一橛。在第二院及最內院，四角各置一橛。（中略）應取乳木作橛子，頭應如金剛。」《陀羅尼集經》卷三中說：「應以佉陀羅木作橛四枚，各長八指。（中略）宜釘四角。」八指約二十公分。在《仁王護國般若波羅蜜多道場念誦儀規》中更進一步地說：「壇之四角應釘佉陀羅木之橛，若無此木之橛，鐵、紫檀木之橛亦可。長應為十二指，四指入地。」

在日本使用木壇，橛之長度為二一至三四公分。橛中作柄，立於壇之四隅。

其形態是在軸中央附以鬼目，上下飾以帶所繫住的蓮華，以上下爲鈷，鈷部爲六角或八角，素紋之鈷者稱爲金剛界橛，飾以細長蓮瓣者稱爲胎藏界橛，此外，鈷的前端飾以寶珠或蓮華之蕾。其中飾以寶珠者，用於灌頂，而素材方面，和經說明所列的傳達羅木不同，以金銅製者較多，木製者次之。

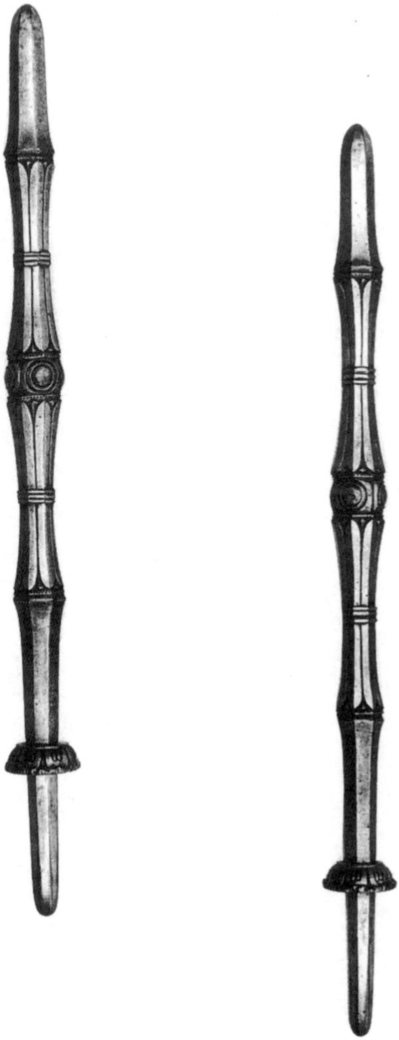

金剛橛

法輪

法輪（梵語 dharmacakra）爲佛法的代表性標幟，在密教的法具中，置於大壇上，與金錍、鏡、法螺、五鈷置於灌頂壇。法輪有以下三種意義：⑴摧破之義，因佛法能摧破眾生之罪惡，猶如轉輪聖王之輪寶，能輾摧山丘嚴石，故喻之爲法輪。⑵輾轉之義，因佛之說法不停滯於一人一處，猶如車輪輾轉不停，故稱法輪。⑶圓滿之義，因佛所說之教法圓滿無缺，故以輪之圓滿喻之，而稱法輪。《大智度論》卷二十五中說：「佛轉法輪，一切世間天及人中無礙無遮。（中略）遇佛法輪，一切煩惱毒皆滅。（中略）一切邪見、疑悔、災害皆悉消滅。」

輪寶的基本形態是象一車輪的形狀，車輪的車軸裝入轂、輻、輞、鋒等四部。輻是轂放射出來的肘木；輞是外輪；鋒是具有武器功用的鈷，在輞外部的數目與輻同。依照教說，輻的數目有四、五、六、八、一二、一〇〇及一〇〇〇等各種。輻製成獨鈷形，以蓮瓣來裝飾基部；轂多爲八葉蓮花，但也有十六瓣蓮花或菊花瓣；輞則大致可區分爲四種花紋，如重圈帶、珠文帶、菊瓣帶、菊瓣等，和珠文併用；鋒有三種，獨鈷杵的前端突出輞外的形狀，叫做「八鋒輪寶」；將輞外圍成八角，附上刀刃者，叫做「八角輪寶」；此外，使三鈷形向外突出者，稱爲「三鈷輪寶」。

法輪

第九章 藏密的特別法器

唐卡

唐卡（藏 than-ka）是指裱褙卷軸式的佛畫。又譯爲「湯卡」，是西藏密教特有的佛教美術藝術之一。

「唐卡」的原義是「捲起來」，卷軸畫稱爲「唐卡」即在強調其上捲的形式；因唐卡收存有一定的規則，需由下向上卷成一束，若方向相反，則被視爲不敬且褻瀆神聖。

唐卡

唐卡的繪製始於七、八世紀，盛行於十二世紀，相傳是源於印度說書人講故事時懸掛的掛圖。其題材主要有畫傳（如佛傳、祖師傳、大法師傳）、肖像畫（如釋迦牟尼像、藏王像、歷代法王像）、本尊畫（如度母像、天王像、金剛像）、史話（有文成公主入藏、達賴五世覲見順治皇帝等）、民俗畫（有百戲、樂舞、祭祀等）、建築畫（如大昭寺全圖、修建薩迦寺圖）、宗教活動（有跳神、法會、說法等）、器物類（有法器、佛具、樂器等）、動物畫等。

修行用的唐卡，其主要作爲修行時觀想及禮拜之用；亦有莊嚴用的唐卡，由在家信徒自行繪製，或請畫師描繪，然後獻給寺院莊嚴佛堂。也有弘法用的唐卡，即在大市集或寺院的前面，而展現在村人及巡禮者的面前，並由喇嘛或俗人以歌唱或朗讀故事教化民眾。一般常見的是繪有佛陀的本生傳、蓮花生大士的傳記故事及阿彌陀佛淨土等唐卡圖像。

哈達

哈達（藏文 kha gtags）爲西藏佛教禮敬用品，爲一種長條狀的絲織品，長度從三、四尺至丈餘不等，有白、黃、藍、紅等顏色。

在西藏，凡婚慶及一般親友間的往來，或晉見達賴及地位崇高大喇嘛，皆呈獻哈達以示敬意。在西藏各種禮節中，「獻哈達」是最爲普遍、最恭敬的一種。此外，哈達的顏色及長度，要視接受哈達者的身分而定，凡愈尊貴者愈長，顏色則以白色最尊貴，代表純潔、崇高。

披在佛陀身上的哈達

食子

食子是藏傳佛教中，以糌粑或熟麥粉作成，用以供養佛菩薩、本尊或諸神施食眾鬼的食品。又稱「朵馬、多瑪」。藏語「多」字意義爲「放」，即爲供養並獻出之義。「瑪」字爲「地」或「母」之意義，即一切普及，無所不載之謂。

多瑪可爲供養佛菩薩、本尊的食品，亦可供給惡靈邪魔以驅除之，亦可爲灌頂時，作爲本尊代表來加持弟子之用。食子有各種形狀，而金剛部，尤其是忿怒本尊及護法儀軌中，所使用的多爲三角形。後代作食子的技術逐漸發展成一種藝術。相傳拉薩地區過新年時，喇嘛寺所作之食子高可盈丈，並以各種彩色圖案加以美化。

此外，食子上有酥油裝飾品，稱之爲「朵馬花」，插有小旗、小傘蓋，稱爲「朵馬旗」、「朵馬傘」，而安放食子所用的三腳架，則稱爲「朵馬台架」。

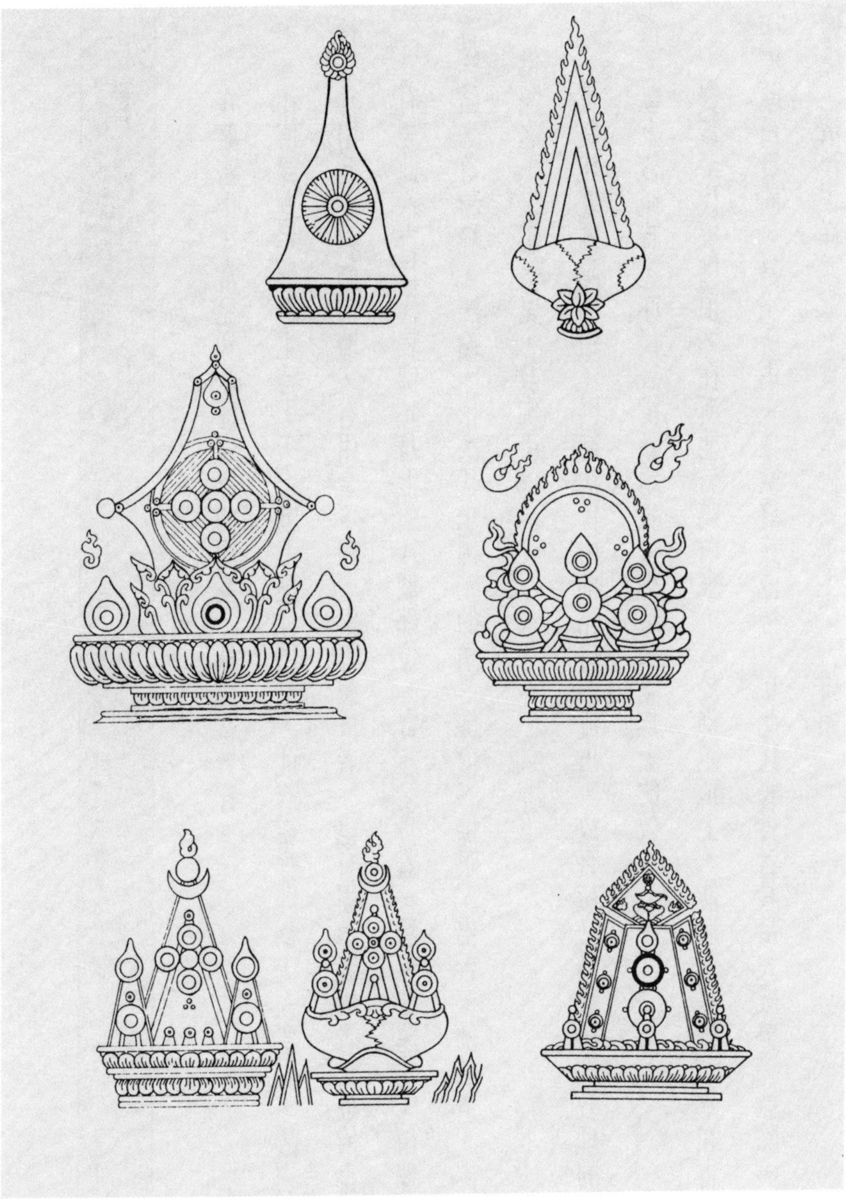

食子

八吉祥

在藏密中，常見到八種吉祥的圖案，稱爲八吉祥。

相傳釋迦牟尼誕生時，天上獻上種種供品，此八吉祥即爲天人所供，故密乘行人常用此來裝飾佛壇，有用金、銀、銅等製成者。也有用木製成者，或繪畫。

有說此八吉祥代表佛陀身上的八個部位，寶瓶、寶蓋、雙魚、蓮花、白螺、吉祥結、尊勝幢、法輪，依次代表佛陀的頸、佛頂、佛眼、佛舌、佛三道、佛心、佛陀之無上正等覺，及佛手。

寶瓶代表佛陀的頸，因佛法皆由佛陀口中流出，故寶瓶又爲教法、教理的表徵。獻上寶瓶時，亦代表祈願眾生獲得這圓滿無上的教義。

寶蓋，代表佛頂，在漢地名爲白傘，置於佛陀頂上，能遮蔽風日。傘在古代印度原爲貴族、皇室所用，象徵尊貴威勢，在此代表行者具足大威勢，能除一切魔障，清淨吉祥。獻上傘蓋是祈願眾生離苦得樂。

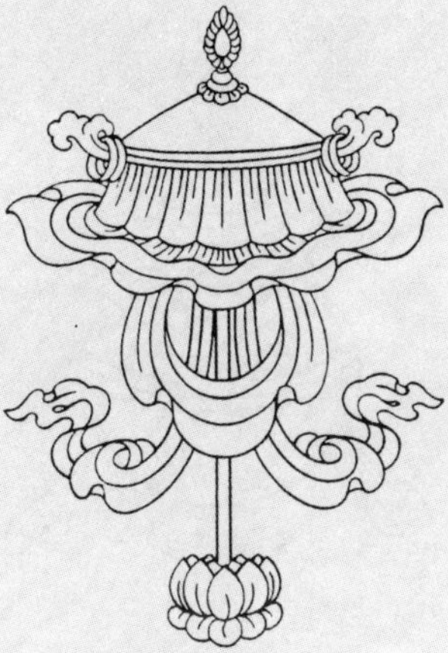

寶蓋

尊勝幢

吉祥結

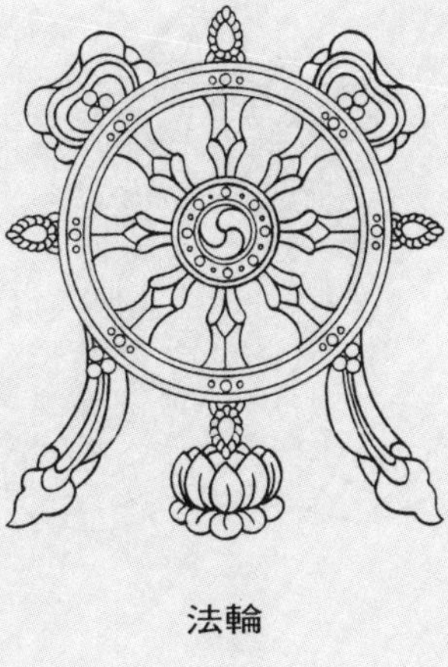

法輪

八吉祥

白螺

寶瓶

雙魚

蓮花

八吉祥

雙魚代表佛陀的雙目。此代表佛眼慈視眾生，故又爲智慧的表徵。供養吉祥的雙魚，祈願消除眾生的無明，得到了悟一切的智慧。

蓮花代表佛陀的舌頭。象徵佛以廣長舌說一切法，使眾生都能悟入開示佛之知見。獻上蓮花，祈願我們具足利益眾生的能力。

白螺代表佛陀的三條頸紋。佛陀的法音廣大悠揚，如白海螺一般清淨美好使一切有情入於解脫。

吉祥結代表佛陀的心，又稱爲無盡結，因爲此結無首無端，代表佛陀心法無盡。此結亦可視爲兩個「卍」字交搭而成，因此亦爲心脈的表徵。藏密中常以此結爲信眾佩戴加持。

尊勝幢代表佛陀無上正等正覺，是爲佛教的勝利，故以尊勝幢來表徵。幢在古代表爲軍隊所用，代表勝利。在此代表除一切煩惱魔障，得大勝利，究竟解脫。其呈圓柱形，不像傘一般可以曲張，也有以銅製成，外表鎏金，矗立於殿宇四角。

法輪代表佛陀的手掌。此象徵法輪常轉，而輪之八輻，有說代表「八正道」

——正見、正思維、正語、正業、正命、正精進、正念、正定，亦有說代表佛陀八相成道。

在佛寺的屋頂正中央，經常可見法輪的標幟，左右各有一鹿，這是象徵佛陀於鹿野苑初轉法輪。《毘奈耶雜事》中記載：「刻轉法輪像，兩旁安鹿而臥。」

輪王七寶

在藏密中常見到七寶的畫像，或是作成立體的供器陳列在供桌上。

佛典中記載，在轉輪聖王出現時，自然會有七寶出現，以輔助該王教化百姓，行菩薩道。轉輪聖王是指具足德行及福報的理想聖王。而輪王七寶則是指：輪寶、象寶、馬寶、珠寶、玉女寶、主藏寶、典兵寶等。

《大寶積經》卷十四中說：「轉輪聖王生種姓家，七寶則現。何謂爲七？一日紫金輪，有千輻。二日白象，有六牙。三日紺色神馬，烏頭朱髦。四日明月化珠，有八角。五日玉女后，口優缽者，身旃檀香。六日主藏聖臣。七日主兵大將軍，御四域兵。」

(一)輪寶（梵名 cakra）：在《長阿含經》卷十八曾提及轉輪聖王的七寶與四種神德：「轉輪聖王出世，於十五日，月滿之前，沐浴香湯上高殿，與婇女共相娛樂，其時金輪寶忽現在前，輪有千輻，光色具足，天匠所造。輪徑丈四，王召

輪寶

珠寶

馬寶

典兵寶

輪王七寶

主藏寶

玉女寶

象寶

輪王七寶

四兵禮此金輪寶，隨所願求向東，輪寶即向東轉，轉輪王率四兵隨之，金輪寶前有四神引導，輪寶止時王駕亦止。時東方諸小國王見大王至，皆捧珍寶以示歸順。餘南、西、北三方亦如是。」這種隨心飛行的輪寶，象徵聖王之威德。

(2)象寶（梵名 hasti）：指白色六牙象。聖王在清旦乘其周行四海，食時得還。

(3)馬寶（梵名 aśva）：指紺青色有象力之駿馬。能飛行，與象寶同爲轉輪王之乘駕。

(4)珠寶（梵名 maṇi）：指寶珠，有光明照王宮內，如果將寶珠在夜中置於高幢上，則光照一由旬，城中人民皆起身作務，以爲是天亮了。

(5)玉女寶（梵名 styī）：指美麗且具足德行之女。經中說其顏色從容，面貌端正，冬則身溫，夏則身涼，舉身毛孔發出旃檀香氣，口出優鉢羅花香，言語柔軟，舉止安詳。

(6)主藏寶（梵名 grahapati）指寶藏自然生出財富無量。此寶在其他經論中，另有作「主藏大臣寶」者，或「居士寶」者。地中伏藏分有主與無主二種；若有主守護之，無主則取之供王用。

(7)典兵寶（梵名 parināyaka）：指智謀雄猛英略獨決之掌兵大將。

此七寶有用金、銀、銅、琺琅製作，亦有用木雕的，爲藏密常見之莊嚴具。

六拏具

在許多木雕、銅鍱的佛像背光上，都能看到祥捲草和各種吉祥動物組成的圖案。這些動物可以歸納爲六大類，稱爲六拏具。

依《造像量度經》所說，六拏具是：

1. 伽嚕拏，意爲大鵬，表慈悲。
2. 布囉拏，意爲鯨魚，上表保護之意。
3. 那囉拏，意爲龍女，表救度之相。
4. 波囉拏，意爲童男，表資福之相。
5. 福囉拏，意爲獸王，一般畫成獅子，比喻自在相。
6. 救囉拏，意爲象王，意爲善師。

藥師佛背光上的六拏具

祈禱石和摩尼旗

在蒙藏地區的山口路邊，常可看到用石塊堆砌而成的圓錐形石堆，有的可高達二三尺以上，有時石堆也有經咒、佛像，信徒們路過時，都要隨手往上添加石塊，或石塊上也有刻畫著佛像、經咒，最常見的是六字大明咒。

在西藏地區並常將一對巨大的犛牛角也供奉於此，角上也刻有經咒，上面還繫有各色哈達。

在蒙古地區，這類石堆蒙語稱為「鄂博」或「敖包」，本來是旗界、牧場、畜點、營地的分界標誌。由於藏密傳入的影響，所以蒙古地區這種大石堆也很多。在沒有石塊的廣大草原上，牧民們往往用枯樹枝堆成一個大鄂博。

在祈禱石或寺院頂上、敖包頂上經常豎立著嘛呢旗，即是以各色布條寫上六字真言等經咒，捆扎成串，用木棍豎立起來，稱為摩尼旗。

牧民們路過這些地方，都要下馬致意，右繞一圈。蒙古地區每年秋天還要隆

祈禱石和摩尼旗

重地舉行祭鄂博活動。

摩尼轉和轉輪藏

在藏密寺廟的屋檐、廊下殿角等處，經常可以看到一排排直立的圓木桶或銅鑄的圓桶，高一、二米，木制的多爲大紅色，上面刻寫著六字真言，外有木框、上下有軸，用手輕輕一推即可轉動，藏語稱爲「古拉」，因它面上寫有或內裝有六字大明咒，一般人也稱之爲摩尼桶。

較小的佛殿宇廊下約有三、五個，大的殿宇迴廊四周可有數十百一圈環繞。來朝禮的信眾，每人依次從轉桶旁經過，都要用手推動一下，數十百個輪桶一起轉動，嗡嗡之聲不絕于於耳。

其內裝寫有六字真言和其他經咒的經卷，用手推動一圈，即表示將經咒念了一遍，與誦讀相同。轉桶轉動的方向，是從左向右，即順時針方向轉動。

除了這類大型經桶，還有小型的摩尼轉，是用銀、銅金屬打造的，上刻真言及浮飾圖案，下有手柄，非常精美。桶上還綴有小索鍊，用以加速它的轉動。藏

摩尼轉

密行人念咒時，手持此輪，邊念咒邊轉動。因輪內置有佛或菩薩的咒文多遍，他們認爲，如果一邊念咒一邊轉祈禱輪，每念一遍，就等於輪內所置咒文的遍數。

通常輪外鑄有咒字，以配合輪內的咒文卷軸。最常用者爲「六字大明」，即觀世音菩薩的心咒，故又稱爲「摩尼轉」，以咒中有「摩尼」二音也。

摩尼桶也有利用風力來轉動的，一般是安裝在屋頂、毡房頂上，用木制或是紙制的。還有水力推動的，甚至還有像走馬燈一樣轉動的。

和摩尼桶的意義相同的器具，在內地寺廟似一座花塔，也是上下有軸，可以轉動。因內中裝藏經，所以稱爲轉輪藏。

輪藏是佛寺中之一種可以迴轉的佛經書架，又稱轉輪藏。亦即將書架作成八角形的書棚，中心立軸，使書棚得以旋轉，俾能撿出所需經卷；此種書架即稱輪藏，與民間的走馬燈相似。輪藏之制，起自轉藏。所謂的「轉藏」，就是轉讀大藏經之意，這和「看藏」不同，「看藏」是指讀經時每天閱讀，自首徹尾一字不漏，而「轉藏」則只是讀經文中每卷之初、中、後數行而已。

佛教轉藏制度，始創於南朝梁代的雙林大士傅弘（一稱傅翕，即善慧大士）

。在《神僧傳》卷四中記載：

「初大士在日，常以經目繁多，人或不能遍閱，乃就山中建大層龕，一柱八面，實以諸經運行不礙，謂之輪藏。（中略）從勸世人有發於菩提心者，能推輪藏，是人即與持誦諸經功德無異。今天下所建輪藏皆設大士像，實始於此。」

另外，爲輪藏設立的專殿，俗稱爲「藏殿」。或作塔式建築，如現今北京西郊頤和園內萬壽山之前，有爲帝后禮佛誦經之處，正殿爲兩層樓閣，兩側各有雙層八角形配亭。亭內有木塔貫穿樓閣，儲存經書佛像。塔中有軸，地下設有機關，可以轉動。輪藏首創於江浙一帶，故以南方寺院特爲盛行，爾後乃推及至北方地區。

五佛冠

五佛冠是藏密上師修法時，戴著像徵五智如來的寶冠。

五佛冠又作五智冠、五智寶冠、五寶天冠、灌頂寶冠、寶冠。大日如來、金剛薩埵、虛空藏菩薩、諸佛頂尊等所戴之寶冠，皆爲五佛冠。寶冠中央有五化佛，用以表示五智圓滿之德。修法中，弟子入曼荼羅道場受灌頂時，阿闍梨爲其結誦五佛灌頂印言，印行者之頂上、額、頂右、頂後、頂左、灌五智之瓶水，令戴五佛寶冠。既已受五佛灌頂，即表自成大日如來之意。又五佛之配列有二，一以大日位於中央，其四方安置四佛，一則橫列五佛。

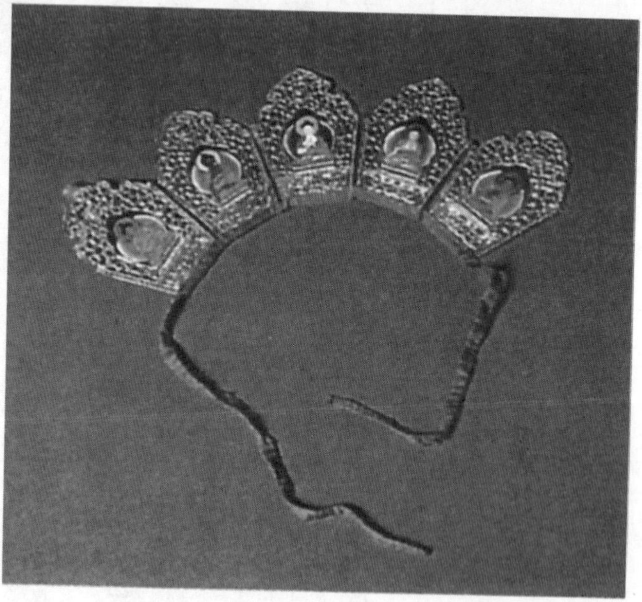

五佛冠

曼達盤

曼達爲藏密的供器之一，曼達爲「壇城」的意思。曼達盤即以世間一切珍寶，包括日月四大洲，結成壇城，用以供養諸佛。

精緻的曼達盤，則將各種供品形象化，鑄成器物，置於盤上；但亦用寶石作爲代替。

曼達盤是在一個銅盆中布滿五穀雜糧，各色石子、貝殼、碎瑪瑙、松石、珍珠等等，中部豎立著一座五層的螺塔，象徵著須彌山，即世界。

曼達的四層都是中空的環狀，以銀、銅等薄皮縲刻而成，非常精細，上面鑲嵌珠寶，也有用金屬絲串珍珠連綴而成，並編織成各色圖案，每層依次往上收斂，形成塔形。

修法時，一面誦念，一面往曼達盤撒上述的碎石珍寶，撒滿底層後再放一層，依次將最後一層放上，象徵著祈願吉祥幸福，將法界供養給諸佛菩薩本尊。

曼達盤

手鼓

西藏密宗的手鼓，俗稱嘎巴拉鼓，通常由兩片天靈蓋骨製成，雙面，鼓面以人皮製成。窄腰，腰間繫以綵帶。鼓皮塗以綠色。於鼓腰又繫兩個小骨錘，手持鼓腰搖動，小錘即擊鼓面發聲。

修法時搖鼓，代表讚頌諸佛菩薩的功德，配合金剛鈴、金剛杵使用。

除了手鼓之外，藏密中還有一種特殊的鼓：內中曲柄鼓，它的鼓錘是曲如弓形的，鼓的直徑約一米，下有一柄，頌經時，僧人自己左手持鼓柄，右手用曲柄的鼓錘伴奏。

手鼓

鉞刀

鉞刀的形狀類似古代的兵器斧，爲修法用的法器。柄端爲金剛杵形，下有斧狀的刀身和刃口。

此法器多爲佛母所用，修法時佛母左手持嘎巴拉碗，右手持鉞刀，代表除貪、瞋、痴、慢、疑、惡見等六種根本煩惱。

鉞刀在製作的材質上多爲銀、銅、木、象牙等製作，手柄和器身上雕飾著龍頭、火焰、連珠、捲草等，非常精美，除了法器外，亦被視爲藝術品珍藏。

除了鉞刀之外，鉤刀也是密宗法器之一，外形和金剛杵類似，但另一端呈尖鉤狀，中部安有一長柄，在唐卡壁畫上可以看到但實物製作較少。鉤刀的意義是表如來鉤召攝受之德，一切衆生入於佛智。

鉞刀

顱器（嘎巴拉）

顱器爲西藏密宗修法時，常見的法器之一，是以人頭顱骨所製作的容器，其以人骨製，乃是取其無常之意，藏語稱骷髏爲「嘎巴拉」，其器身主要部分，由人顱骨造成，邊再鑲銀或鑲金。其上有蓋，其下有座，座三角形，鑄有三個骷髏，滿綴代表火焰的花紋。

顱器有表供養之甘露，或代表一切、福德智慧資糧。

顱器

金剛降魔杵（普巴杵）

金剛降魔杵一端爲金剛杵，另一端爲鐵製三棱杵，中段有三佛像，一作笑狀、一作怒狀，一作罵狀。此法器通常爲修降伏法所用，用以降伏魔怨。寧瑪派（紅教）的「普巴金剛」法，使用此杵，故又稱爲「普巴杵」。

金剛降魔杵

黃銅號角

爲藏密法會時用的樂器，藏語稱爲「然洞」，分成三、四節，可延長到三米以上，平時供置在平頂的大殿頂上，吹奏起來可聲傳數里。

在一些特殊法會上，一般是作爲伴奏用的，聲音低沉而有力。

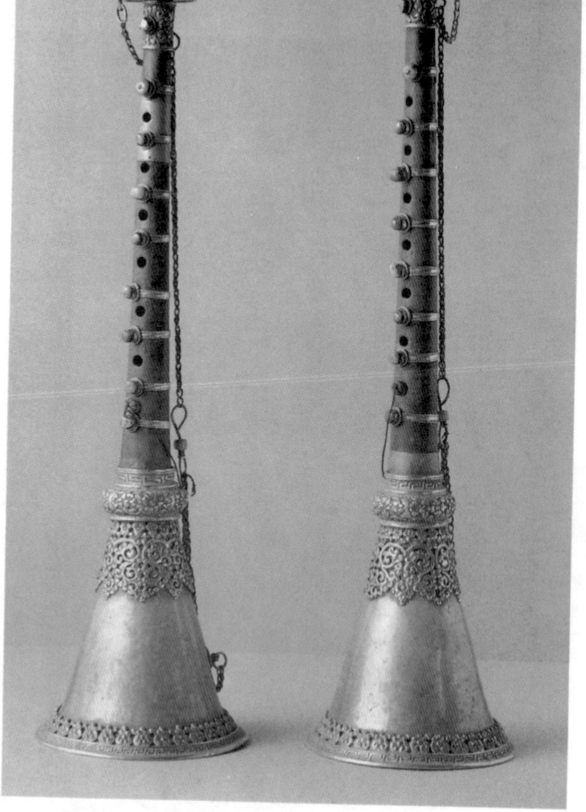

黃銅號角

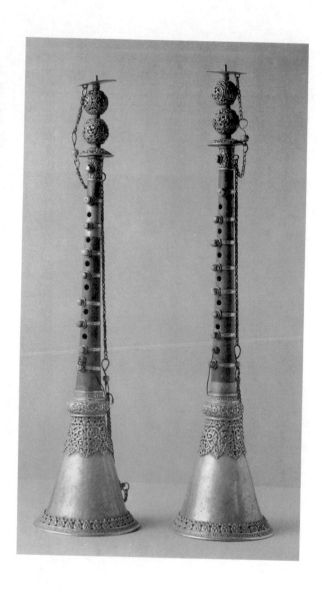

骨喇叭

用人脛骨造成的吹響樂器，藏語稱爲「罡洞」，長約三十厘米左右，是用人的小腿骨製成的，局部包銀或銅。

此法器通常用於驅魔的法會。其所吹奏出的樂音，能驅散一切邪魔。

骨喇叭

嘎烏

為小型佛龕，通常製成小盒型，用以佩戴於頸上，龕中供設佛像。密宗行人於出門時佩戴，一者祈求本尊加持，二者於修法時可取出供奉，為隨身之密壇。

嘎烏

全佛文化圖書出版目錄

佛教小百科系列

- ☐ 佛菩薩的圖像解說1-總論•佛部 320
- ☐ 佛菩薩的圖像解說2-菩薩部•觀音部•明王部 280
- ☐ 密教曼荼羅圖典1-總論•別尊•西藏 240
- ☐ 密教曼荼羅圖典2-胎藏界上 300
- ☐ 密教曼荼羅圖典2-胎藏界中 350
- ☐ 密教曼荼羅圖典2-胎藏界下 420
- ☐ 密教曼荼羅圖典3-金剛界上 260
- ☐ 密教曼荼羅圖典3-金剛界下 260
- ☐ 佛教的真言咒語 330
- ☐ 天龍八部 350
- ☐ 觀音寶典 320
- ☐ 財寶本尊與財神 350
- ☐ 消災增福本尊 320
- ☐ 長壽延命本尊 280
- ☐ 智慧才辯本尊 290
- ☐ 令具威德懷愛本尊 280
- ☐ 佛教的手印 290
- ☐ 密教的修法手印-上 350
- ☐ 密教的修法手印-下 390
- ☐ 簡易學梵字(基礎篇)-附CD 250
- ☐ 簡易學梵字(進階篇)-附CD 300
- ☐ 佛教的法器 290
- ☐ 佛教的持物 330
- ☐ 佛教的塔婆 290
- ☐ 中國的佛塔-上 240
- ☐ 中國的佛塔-下 240
- ☐ 西藏著名的寺院與佛塔 330
- ☐ 佛教的動物-上 220
- ☐ 佛教的動物-下 220
- ☐ 佛教的植物-上 220
- ☐ 佛教的植物-下 220
- ☐ 佛教的蓮花 260
- ☐ 佛教的香與香器 280
- ☐ 佛教的神通 290
- ☐ 神通的原理與修持 280
- ☐ 神通感應錄 250
- ☐ 佛教的念珠 220
- ☐ 佛教的宗派 295
- ☐ 佛教的重要經典 290
- ☐ 佛教的重要名詞解說 380
- ☐ 佛教的節慶 260
- ☐ 佛教的護法神 320
- ☐ 佛教的宇宙觀 260
- ☐ 佛教的精靈鬼怪 280
- ☐ 密宗重要名詞解說 290
- ☐ 禪宗的重要名詞解說-上 360
- ☐ 禪宗的重要名詞解說-下 290
- ☐ 佛教的聖地-印度篇 200

佛菩薩經典系列

- ☐ 阿彌陀佛經典 350
- ☐ 藥師佛•阿閦佛經典 220
- ☐ 普賢菩薩經典 180
- ☐ 文殊菩薩經典 260
- ☐ 觀音菩薩經典 220
- ☐ 地藏菩薩經典 260
- ☐ 彌勒菩薩•常啼菩薩經典 250
- ☐ 維摩詰菩薩經典 250
- ☐ 虛空藏菩薩經典 350
- ☐ 無盡意菩薩•無所有菩薩經典 260

佛法常行經典系列

- ☐ 妙法蓮華經 260
- ☐ 悲華經 260
- ☐ 大乘本生心地觀經•勝鬘經•如來藏經 200

- ☐ 小品般若波羅密經 220
- ☐ 金光明經•金光明最勝王經 280
- ☐ 楞伽經•入楞伽經 360
- ☐ 楞嚴經 200
- ☐ 解深密經•大乘密嚴經 200
- ☐ 大日經 220
- ☐ 金剛頂經•金剛頂瑜伽念誦經 200

三昧禪法經典系列

- ☐ 念佛三昧經典 260
- ☐ 般舟三昧經典 220
- ☐ 觀佛三昧經典 220
- ☐ 如幻三昧經典 250
- ☐ 月燈三昧經典(三昧王經典) 260
- ☐ 寶如來三昧經典 250
- ☐ 如來智印三昧經典 180
- ☐ 法華三昧經典 260
- ☐ 坐禪三昧經典 250
- ☐ 修行道地經典 250

修行道地經典系列

- ☐ 大方廣佛華嚴經(10冊) 1600
- ☐ 長阿含經(4冊) 600
- ☐ 增一阿含經(7冊) 1050
- ☐ 中阿含經(8冊) 1200
- ☐ 雜阿含經(8冊) 1200

佛經修持法系列

- ☐ 如何修持心經 200
- ☐ 如何修持金剛經 260
- ☐ 如何修持阿彌陀經 200
- ☐ 如何修持藥師經-附CD 280
- ☐ 如何修持大悲心陀羅尼經 220
- ☐ 如何修持阿閦佛國經 200
- ☐ 如何修持華嚴經 290
- ☐ 如何修持圓覺經 220
- ☐ 如何修持法華經 220
- ☐ 如何修持楞嚴經 220

守護佛菩薩系列

- ☐ 釋迦牟尼佛-人間守護主 240
- ☐ 阿彌陀佛-平安吉祥 240
- ☐ 藥師佛-消災延壽(附CD) 260
- ☐ 大日如來-密教之主 250
- ☐ 觀音菩薩-大悲守護主(附CD) 280
- ☐ 文殊菩薩-智慧之主(附CD) 280
- ☐ 普賢菩薩-廣大行願守護主 250
- ☐ 地藏菩薩-大願守護主 250
- ☐ 彌勒菩薩-慈心喜樂守護主 220
- ☐ 大勢至菩薩-大力守護主 220
- ☐ 準提菩薩-滿願守護主(附CD) 260
- ☐ 不動明王-除障守護主 220
- ☐ 虛空藏菩薩-福德大智守護(附CD) 260
- ☐ 毘沙門天王-護世財寶之主(附CD) 280

輕鬆學佛法系列

- ☐ 遇見佛陀-影響百億人的生命導師 200
- ☐ 如何成為佛陀的學生-皈依與受戒 200
- ☐ 佛陀的第一堂課-四聖諦與八正道 200
- ☐ 業力與因果-佛陀教你如何掌握自己的命運 220

洪老師禪座教室系列

- □ 靜坐-長春.長樂.長效的人生 200
- □ 放鬆(附CD) 250
- □ 妙定功-超越身心最佳功法(附CD) 260
- □ 妙定功VCD 295
- □ 睡夢-輕鬆入眠•夢中自在(附CD) 240
- □ 沒有敵者-強化身心免疫力的修鍊法(附CD) 280
- □ 夢瑜伽-夢中作主.夢中變身 260
- □ 如何培養定力-集中心靈的能量 200

禪生活系列

- □ 坐禪的原理與方法-坐禪之道 280
- □ 以禪養生-呼吸健康法 200
- □ 內觀禪法-生活中的禪道 290
- □ 禪宗的傳承與參禪方法-禪的世界 260
- □ 禪的開悟境界-禪心與禪機 240
- □ 禪宗奇才的千古絕唱-永嘉禪師的頓悟 260
- □ 禪師的生死藝術-生死禪 240
- □ 禪師的開悟故事-開悟禪 260
- □ 女禪師的開悟故事(上)-女人禪 220
- □ 女禪師的開悟故事(下)-女人禪 260
- □ 以禪療心-十六種禪心療法 260

密乘寶海系列

- □ 現觀中脈實相成就-開啟中脈實修秘法 290
- □ 智慧成就拙火瑜伽 330
- □ 蓮師大圓滿教授講記-藏密寧瑪派最高解脫法門 220
- □ 密宗的源流-密法內在傳承的密意 240
- □ 恒河大手印-傾瓶之灌的帝洛巴恒河大手印 240
- □ 岡波巴大手印-大手印導引顯明本體四瑜伽 390
- □ 大白傘蓋佛母-息災護佑行法(附CD) 295
- □ 密宗修行要旨-總攝密法的根本要義 430
- □ 密宗成佛心要-今生即身成佛的必備書 240
- □ 無死 超越生與死的無死瑜伽 200
- □ 孔雀明王行法-摧伏毒害煩惱 260
- □ 月輪觀•阿字觀-密教觀想法的重要基礎 350
- □ 穢積金剛-滅除一切不淨障礙 290
- □ 五輪塔觀-密教建立佛身的根本大法 290
- □ 密法總持-密意成就金法總集 650
- □ 密勒日巴大手印-雪山空谷的歌聲，開啟生命智慧之心 480

其他系列

- □ 入佛之門-佛法在現代的應用智慧 350
- □ 普賢法身之旅-2004美東弘法紀行 450
- □ 神通-佛教神通學大觀 590
- □ 認識日本佛教 360
- □ 華嚴經的女性成就者 480
- □ 準提法彙 200
- □ 地藏菩薩本願經與修持法 320
- □ 仁波切我有問題-一本關於空的見地、禪修與問答集 240
- □ 萬法唯心造-金剛經筆記 230
- □ 菩薩商主與卓越企業家 280
- □ 禪師的手段 280
- □ 覺貓悟語 280
- □ 蓮花生大士祈請文集 280

女佛陀系列

- □ 七優曇華-明末清初的女性禪師(上) 580
- □ 七優曇華-明末清初的女性禪師(下) 400

禪觀寶海系列

- ☐ 禪觀秘要 1200
- ☐ 通明禪禪觀-迅速證得六種神通與三種明達智慧的方法 290
- ☐ 首楞嚴三昧-降伏諸魔的大悲勇健三昧 420

高階禪觀系列

- ☐ 通明禪禪觀-迅速開啟六種神通的禪法 200
- ☐ 十種遍一切處禪觀-調練心念出生廣大威力的禪法 280
- ☐ 四諦十六行禪觀-佛陀初轉法輪的殊勝法門 350
- ☐ 三三昧禪觀-證入空、無相、無願三解脫門的禪法 260
- ☐ 大悲如幻三昧禪觀-修行一切菩薩三昧的根本 380
- ☐ 圓覺經二十五輪三昧禪觀-二十五種如來圓覺境界的禪法 400

虹彩光音系列

- ☐ 現觀中脈 250
- ☐ 草庵歌 250
- ☐ 阿彌陀佛心詩 250
- ☐ 觀世音 · 時空越 250
- ☐ 妙定功法 250
- ☐ 蓮師大圓滿 260
- ☐ 冥想 · 地球和平 心詩 280

光明導引系列

- ☐ 阿彌陀經臨終光明導引-臨終救度法 350
- ☐ 送行者之歌(附國台語雙CD) 480

淨土修持法

- ☐ 蓮花藏淨土與極樂世界 350
- ☐ 菩薩的淨土 390
- ☐ 諸佛的淨土 390
- ☐ 三時繫念佛事今譯

佛家經論導讀叢書系列

- ☐ 雜阿含經導讀-修訂版 450
- ☐ 異部宗論導讀 240
- ☐ 大乘成業論導讀 240
- ☐ 解深密經導讀 320
- ☐ 阿彌陀經導讀 320
- ☐ 唯識三十頌導讀-修訂版 520
- ☐ 唯識二十論導讀 300
- ☐ 小品般若經論對讀-上 400
- ☐ 小品般若經論對讀-下 420
- ☐ 金剛經導讀 270
- ☐ 心經導讀 160
- ☐ 中論導讀-上 420
- ☐ 中論導讀-下 380
- ☐ 楞伽經導讀 400
- ☐ 法華經導讀-上 220
- ☐ 法華經導讀-下 240
- ☐ 十地經導讀 350
- ☐ 大般涅槃經導讀-上 280
- ☐ 大般涅槃經導讀-下 280
- ☐ 維摩詰經導讀 220
- ☐ 菩提道次第略論導讀 450
- ☐ 密續部總建立廣釋 280
- ☐ 四法寶鬘導讀 200
- ☐ 因明入正理論導讀-上 240
- ☐ 因明入正理論導讀-下 200

離言叢書系列

□ 解深密經密意	390	□ 無邊莊嚴會密意	190
□ 如來藏經密意	300	□ 勝鬘師子吼經密意	340
□ 文殊師利二經密意	420	□ 龍樹二論密意	260
□ 菩提心釋密意	230	□ 大乘密嚴經密意	360
□ 龍樹讚歌集密意	490	□ 大圓滿直指教授密意	290
□ 智光莊嚴經密意	420		

談錫永作品系列

□ 閒話密宗	200	□ 佛家名相	220
□ 西藏密宗占卜法-妙吉祥占卜法（組合）	790	□ 密宗名相	220
		□ 佛家宗派	220
□ 細說輪迴生死書-上	200	□ 佛家經論-見修法鬘	180
□ 細說輪迴生死書-下	200	□ 生與死的禪法	260
□ 西藏密宗百問-修訂版	210	□ 細說如來藏	280
□ 觀世音與大悲咒-修訂版	190	□ 如來藏三談	300

大中觀系列

□ 四重緣起深般若-增訂版	420	□ 如來藏論集	330
□ 心經內義與究竟義-印度四大論師釋《心經》	350	□ 如來藏二諦見	360
		□ 聖妙吉祥真實名經梵本校譯	390
□ 聖入無分別總持經對堪及研究	390	□ 聖妙吉祥真實名經釋論三種	390
□ 《入楞伽經》梵本新譯	320	□ 《辨中邊論釋》校疏	400
□ 《寶性論》梵本新譯	320		

甯瑪派叢書-見部系列

□ 九乘次第論集	380	□ 無修佛道	360
□ 甯瑪派四部宗義釋	480	□ 幻化網秘密藏續釋-光明藏	560
□ 辨法法性論及釋論兩種	480	□ 善說顯現喜宴-甯瑪派大圓滿教法	650
□ 決定寶燈	480	□ 勝利天鼓雷音-金剛乘教法史	1040

甯瑪派叢書-修部系列

□ 大圓滿心性休息導引	395	□ 幻化網秘密藏續	480
□ 大圓滿前行及讚頌	380	□ 六中有自解脫導引	520

藏傳佛教叢書系列

□ 章嘉國師(上)-若必多吉傳	260	□ 西藏生死導引書(下)-六種中陰的實修教授	220
□ 章嘉國師(下)-若必多吉傳	260		
□ 紅史	360	□ 西藏不分教派運動大師	390
□ 蒙古佛教史	260	□ 西藏_上	360
□ 西藏生死導引書(上)-揭開生與死的真相	290	□ 西藏 下	450

佛教小百科22

《佛教的法器》

主　　編　洪啟嵩
執行編輯　彭婉甄、劉詠沛、吳霈媜
出　　版　全佛文化事業有限公司
訂購專線：(02)2913-2199
傳真專線：(02)2913-3693
發行專線：(02)2219-0898
匯款帳號：3199717004240 合作金庫銀行大坪林分行
戶　名：全佛文化事業有限公司
E-mail:buddhall@ms7.hinet.net
http://www.buddhall.com
門　　市　心學堂・新北市新店區民權路108之3號10樓
門市專線：(02)2219-8189
行銷代理　紅螞蟻圖書有限公司
台北市內湖區舊宗路二段121巷19號（紅螞蟻資訊大樓）
電話：(02)2795-3656
傳真：(02)2795-4100
初　　版　二〇〇〇年九月
初版六刷　二〇一九年七月
定　　價　新台幣二九〇元
ISBN　978-957-8254-89-3（平裝）

國家圖書館出版品預行編目資料

佛教的法器／洪啟嵩 主編
-- 初版.--新北市：全佛文化，
2000[民89] 面； 公分. －
(佛教小百科；22)
ISBN 978-957-8254-89-3(平裝)

1.佛教-法器
224.7　　890130638

Buddhall

Published by BuddhAll Cultural Enterprise Co.,Ltd.

BuddhAll

BuddhAll.

All is Buddha.

BuddhAll